KB272157

이력서를
10만건
읽었습니다

이력서를
10만건
읽었습니다

이력서를
10만 건
읽었습니다

베테랑 헤드헌터가 발견한
AI 시대 인재의 조건

문선경 지음

티움

10만 건의 이력서와 수많은 채용 현장을 경험한 헤드헌터의 시선은 분명 다르다. 이 책은 기업과 인재의 선택이 교차하는 지점에서, 커리어의 본질과 성장의 구조를 명확하고 설득력 있게 풀어낸다. 이 책은 AI와 변화의 시대 속에서, 개인과 조직 모두가 성장과 성공의 선순환을 만들어 갈 수 있도록 실질적인 방향을 제시하는 신뢰할 수 있는 가이드이다.

_유니코써치 대표, 김혜양

좋은 인재를 찾는 기업과 성장을 갈망하는 개인, 그 양쪽의 세계를 이토록 입체적으로 꿰뚫어 본 책은 드물다. 10만 건의 이력서를 매개로 한 사람의 인생과 인사 담당자의 고민, 기업의 철학까지를 치열하게 연결해 온 전문 헤드헌터만이 도달할 수 있는 깊은 통찰이 느껴진다. 채용의 최전선에서 저자가 포착한 날카로운 인사이트가 구직자와 인사 담당자, 나아가 조직의 모든 이에게 명쾌한 해답서가 되어줄 것이라 확신한다.

_리멤버앤컴퍼니 Founder & CEO, 최재호

채용의 본질을 꿰뚫는 통찰은 오직 치열한 현장에서만 나온다. 현직 헤드헌터로서 또한 채용 전문 면접관으로서 채용의 가치를 누구보다 깊이 이해하고 실천해 온 저자가 그동안의 경험과 노하우를 이 한 권에 담았다. 인재를 보는 안목을 기르고 싶은 기업과 성장을 꿈꾸는 구직자 모두에게 이 책을 기쁘게 추천한다.

_한국바른채용인증원 원장, 조지용

기업의 성패를 가르는 가장 중요한 요소는 결국 사람이다. 하지만 좋은 인재를 선별하는 일은 늘 쉽지 않다. 이력서 한 장과 몇 번의 인터뷰로는 그 사람의 실제 역량이나 조직과의 적합성을 온전히 파악하기 어렵다. 투자자로서 다양한 팀을 만나고 의사결정을 하면서, 우리는 늘 "이 사람이 최적의 인재이며, 정말 함께 갈 수 있는 사람인가"라는 판단의 어려움을 경험한다. 이 책은 그 질문에 대해 보다 깊이 있게 생각할 수 있는 기준과 관점을 제시한다.

_스틱인베스트먼트 파트너(전 베인앤드컴퍼니 대표), 이혁진

헤드헌터의 책상에서

기업의 채용 현장과 헤드헌팅 업계를 넘나들며 보낸 지난 20여 년 동안, 내 책상 위로는 10만 개의 인생이 지나갔다. 바로 '이력서'라는 이름의 기록들이다. 누군가는 "헤드헌터가 왜 커리어와 성장을 말하는가?"라고 물을지도 모른다.

내 대답은 명확하다. 헤드헌터는 단순히 사람과 직장을 연결하는 중개자가 아니다. 헤드헌터는 사람과 조직 사이의 비밀스러운 균형을 읽고 해석하는 조직의 '통역사'에 가깝다. 나는 수많은 구직자의 간절함을 듣는 동시에, 기업의 채용 결정권자가 내뱉는 지극히 현실적인 고민을 함께 나눈다.

이 양쪽의 세계를 동시에 들여다보며 깨달은 사실이 하나 있다. 구직자는 기업이 무엇을 원하는지 정확히 모르고, 기업은 인재가 무엇에 갈망하는지 잘 모른다는 점이다. 결국 "좋은 회사란 무엇인가?"라는 질문과 "좋은 인재는 누구인가?"라는 질문의 답은 하나로 연결되어 있다. 좋은 기업에 인재가 모이고, 좋은 기업을 만난 인재는 빠르게 성장한다.

커리어는 홀로 만드는 것이 아니다. 관계와 선택, 성과와 평판, 환경 등이 맞물려 돌아가는 거대한 구조다. 지난 20여 년 동안, 특히 2013년부터 대한민국 대표 서치펌인 유니코써치Unico Search[1]에서 근무하며 그 구조가 만들어 내는 수많은 승리와 패배의 드라마를 목격했다. 2022년 8월부터는 아시아경제 칼럼 'K 우먼 톡' 필진으로도 참여하며, 현장에서 길어 올린 이러한 생각들이 누군가의 커리어에 작은 실마리가 되길 바라는 마음으로 꾸준히 글을 써왔다. 그 긴 관찰과 사유의 시간 끝에 얻은 결론은 이렇다.

'기회는 운이 좋은 사람이 아니라 자신만의 성장 구조를 가진 사람에게 찾아온다.' 이 책은 그 구조를 만드는 법에 관한 기록으로, 이론이 아니라 현장에서 길어 올린 실전의 언어로 풀었다. 크게 세 부분으로 구성된다.

Part 1은 직장인에게 전하는 메시지로 커리어의 본질(왜 일하는가)에서 시작해, 실무 역량(AI, 전문가 단계), 구직 스킬(이력서, 면접) 등을 다룬다. 특히 '직職'보다 '업業'을 강조하며 개인의 '성장감'이 커리어의 핵심 동력임을 제시한다.

Part 2는 기업에 전하는 메시지로 개인의 역량(π형 인재 등)이 기업 관점에서는 어떻게 평가되고 채용되는지를 설명한다. Part 1의 '구직자' 입장과 Part 2의 '채용 기업' 입장이 맞물려 입체적 시각을 제공한다.

Part 3은 미래 커리어 전략에 관한 내용으로 급변하는 환경 속에서 커리어의 마무리(퇴사)와 새로운 시작(온보딩)까지를 아우르며, 일회성

---

1)　1992년 설립. 대표 김혜양. 2022년 리멤버 자회사 편입. 국내 1위 헤드헌팅 회사

취업이 아닌 생애 주기적 커리어 관리를 제안한다.

미리 고백하자면, 이 책에는 '이것만 하면 100% 합격'과 같은 마법은 없다. 대신 매일 조금씩 멈추지 않고 나아가는 법을 담았다. 3개월, 6개월, 1년을 꾸준히 실천한다면 이전과는 확연히 다른 자신만의 성장 구조를 갖게 될 것이다. 이 책이 당신의 커리어 여정에 하나의 방향등처럼 작지만 단단한 힌트가 되기를 바란다.

당신이 기회를 얻는 사람이 되기를, 당신의 조직이 인재를 얻는 회사가 되기를 바라며 그 여정을 이제 헤드헌터의 시선으로 안내한다.

Part 1 | 직장인에게
—성장하고 싶고, 기회를 잡고 싶은 사람들

Part 1
[직장인에게]

성장하고 싶고,
기회를 잡고 싶은 사람들

왜 일하는가?
— 커리어의 방향을 결정하는 질문들

직장인은 매일 출근하고, 보고서를 쓰고, 회의하며 프로젝트를 수행한다. 하지만 정작 이 질문은 아무도 하지 않는다. "나는 왜 일하는가?" 너무 근본적이라 그런지 대부분은 커리어를 5년, 10년 쌓고 난 후에야 뒤늦게 고민을 시작한다. 그때가 되면 일과가 이미 무거워져, 원하는 방향과 현실 사이에 거대한 간극이 생겨 버린 경우가 많다.

헤드헌터로서 수많은 직장인을 만났다. 그들의 고민은 신기할 정도로 닮았다. "제 커리어가 잘 가고 있는 걸까요?", "이 일이 저와 맞을까요?", "앞으로 어떻게 살아야 할지 모르겠어요."

10만 건의 이력서를 보며 발견한 사실이 있다. 같은 10년을 일해도 어떤 사람은 '10년'을 쌓고, 어떤 사람은 '1년을 10번' 반복한다. 전자는 시간이 지날수록 할 수 있는 영역이 확장되고 기회가 저절로 찾아온다. 반면 후자는 10년이 지나도 여전히 같은 자리에서 같은 고민을 반복한다. 차이는 재능이나 학벌, 회사 이름이 아니었다. '내가 왜 이 일을 하는가'라는 질문을 스스로에게 얼마나 자주 던지는가에 있었다. 이것이 경험의 밀도 차이다.

당신은 이 질문에 익숙한가? '나는 왜 일하는가?'

자신의 일을 '정확히' 인식하고자 하는 노력

일은 단순히 돈을 버는 수단이 아니다. 일은 우리의 시간과 에너지를 가져가고, 때로는 자존감을 깎아 먹거나 다시 채운다. 무엇보다 일은 우리의 정체성과 직결되어 있다. 그래서 일이 의미를 잃으면, 삶 전체가 흔들리기도 한다.

하지만 의미는 어느 날 갑자기 하늘에서 떨어지지 않는다. 우리는 바쁜 일상에서 이 질문에 대한 답을 놓치고 있다. 많은 직장인은 "그냥 먹고 살려고 일한다"거나 "내가 뭐 대단한 사람이라고 그런 질문을 하나"라고 말하며 일의 의미를 축소한다.

일의 의미는 이력의 '거창함'에서 찾을 수 있는 것이 아니다. 오히려 자신의 일에 대한 '정확한' 인식이, 일의 의미를 묻는 말에 자신 있는 답변을 가능하게 한다. 즉, 내가 어떤 일을 했는지, 그 역할에서 무엇을 배웠는지, 무엇을 조금씩 더 잘하게 되었는지 등을 정확히 아는 사람은 자신의 커리어에 대한 태도가 명확하다. 반면, 자신의 일의 가치를 설명하지 못하고, 일을 하면서 무엇이 달라졌는지 설명하지 못하는 사람은 일상에 파묻혀 자신의 커리어에 만족하지 못한다.

'성공'보다 중요한 것은 '성장감'

사람들은 성공이라는 단어를 좋아하지만, '성공'의 정의는 저마다 다르다. 연봉, 직급, 직책, 타이틀, 회사의 네임 밸류 등 기준이 다르고 그 수준의 차이도 크다. 하지만 지난 20여 년간 수많은 인재의 이직과 승진을 지켜보면서 얻은 결론이 있다. 우리를 지속적으로 움직이는 힘은 '성공'이 아니라 '성장감'이라는 사실이다. '나는 어제보다 나아지고 있다'는 인식이 바로 성장감이다. 이 감정은 조직 내 지위와 상관없다. 직급이 높아도 공허할 수 있고, 상대적으로 낮은 위치에서도 충분히 충만할 수 있다.

성장감을 느끼는 사람은 불확실성에도 흔들리지 않는다. 길을 잃어도 다시 방향을 찾고 이직 후에도 성공적으로 안착한다. 성공하는 사람의 공통점은 타고난 재능이 아니라 끊임없이 성장하는 능력을 스스로 확인하는 습관이다.

방향성을 주기적으로 점검하고 만들어 나가는 사람

방향성을 잃은 사람은 일이 지루하고 성장이 멈춘 듯한 느낌에 빠진다. 자꾸 타인과 비교하고 이직만이 유일한 탈출구처럼 느끼지만, 막상 어디로 가야 할지는 모른다. 반면, 방향성을 스스로 만드는 사람은 작은 목표를 설정하고 경력의 흐름을 주기적으로 점검한다. 학습 구조를 스스로 설계해 성장감을 회복한다.

이 작은 차이가 몇 년 후에는 크게 벌어진다. 하지만 현실은 출근하고, 이메일을 확인하고, 회의하고, 보고하고, 프로젝트를 수행하고, 다시 출근하고를 반복한다. 결국 어느 순간 '나는 왜 이 일을 하는가?'라는 질문은 일상에서 잊힌다. 하지만 다시 물어야 한다. '내가 지금 하는 일은 나를 어디로 데려가고 있는가?'

이 질문을 진지하게 생각하는 사람은 이직을 해도 성공하고, 조직에 남아도 성장한다. 그리고 기회의 질이 달라진다. 정답을 빨리 찾는 것보다 질문을 자주 던지는 것이 중요하다. 성공하는 사람은 자주 묻고, 빨리 수정한다. 일은 결국, 내가 어떤 사람이 되고 싶은지에 대한 선택이다.

이 장을 읽으며 오늘 단 한 가지라도 떠올린다면 충분하다.

- 나는 왜 이 일을 하고 있는가?
- 지금 하고 있는 일은 나를 어디로 데려가는가?
- 나는 어떤 방식으로 성장하고 싶은가?

이 질문이 매너리즘에 빠진 당신의 커리어를 다시 움직이게 하는 첫걸음이 될 것이다.

1. **종이에 한 줄로 적기: '나는 왜 일하는가?'**

   완벽한 답이 아니어도 괜찮습니다. 지금 떠오르는 솔직한 답을 적어 보십시오. 이 질문에 대한 답을 글로 적는 순간, 생각은 선명해집니다.

2. **지난 1년 동안 내가 성장한 점 3가지 적기**

   크기와 상관없습니다. 성장은 늘 작은 단위로 시작됩니다. "새로운 툴을 배웠다." "발표할 때 덜 떨게 됐다." "후배에게 설명을 잘하게 됐다." 이런 것도 충분히 성장입니다.

3. **일주일 중 나에게 가장 큰 에너지가 생기는 순간 기록하기**

   월요일부터 금요일까지, 언제 어떤 일이 재미있었나요? 그 순간들이 당신의 커리어 방향을 알려줍니다. 일의 재미는 여기서 찾아집니다.

커리어는 정답을 빨리 찾는 경쟁이 아닙니다. 질문을 자주 던지는 사람이 결국 더 멀리 갑니다. '왜 일하는가'라는 질문, 오늘부터 다시 시작하십시오.

'직'보다 '업'이 커리어를 결정한다

우리는 흔히 이렇게 말한다. "나는 ○○회사에 다닌다." "나는 ○○팀 소속이다." "나는 ○○일을 맡고 있다." 하지만 여기에는 중요한 함정이 숨어 있다. 모두 '직職'을 설명할 뿐 당신의 '업業'을 설명하지는 못한다.

직은 언제든 바뀐다. 부서, 팀, 직무, 그리고 회사도 바뀐다. 하지만 업은 쉽게 바뀌지 않는다. 오히려 시간이 흐를수록 더 선명해진다. 커리어를 결정하는 건 직이 아니라 업이다. 같은 직무를 10년 했어도, 어떤 이는 기회가 계속 생기고, 어떤 이는 이직조차 어렵다. 내가 만난 10년 차 HR 담당자 두 명의 사례를 보자.

- A (직을 말하는 사람) : "HR팀에서 10년 일했습니다. 채용, 평가, 교육 다 해봤습니다."

- B (업을 말하는 사람) : "조직이 급성장할 때 필요한 인재를 찾아 내고 안착시키는 일을 합니다. 스타트업이 50명에서 200명으로 커지는 과정을 경험했습니다."

차이가 느껴지는가? A는 '직무'를 나열했고, B는 자신의 '업'이 만드는 가치를 정확히 짚었다. 헤드헌터인 내가 먼저 연락하는 대상은 단연 B다.

졸업과 입업

수많은 커리어 칼럼과 성공한 리더들의 글을 읽다 보면 공통적으로 관통하는 핵심 단어가 있다. 바로 '업業'의 본질이다. '직장에서는 직職을 수행하고, 커리어에서는 업業을 완성한다'는 맥락의 이야기다. 이러한 통찰은 내가 현장에서 만난 수많은 인재의 성장 궤적과도 정확히 일치했다.

직은 시간을 채우면 늘지만, 업은 그 시간을 어떻게 썼느냐에 따라 결정된다. 직은 회사가 나에게 부여한 역할이지만 업은 내가 스스로 쌓아가는 역량이다. 헤드헌터로 일하며 성공적으로 커리어를 쌓아온 사람들을 만날 때마다 나는 이 사실을 확인한다. 그들은 본인의 업을 명확히 정의하고 있다. 그들은 '직무'를 나열하기보다 자신의 업을 이렇게 더 강조한다.

- "저는 조직이 혼란스러울 때 질서를 잡는 사람입니다."
- "저는 복잡한 문제를 구조화해서 해결하는 사람입니다."

중요한 건 이들은 이런 말을 할 때 반드시 구체적인 근거와 숫자를 뒷받침한다는 점이다. 말만 거창한 사람과 진짜 그 일을 해온 사람의 차이는 여기서 드러난다. 3개 팀을 통합하며 이탈률을 낮춘 기록, 문제 해결 시간을 40% 단축한 경험, 후배 12명을 육성해 그중 8명을 팀장으로 승진시킨 사례 등이다.

업을 정의할 줄 아는 사람은 어떤 팀, 어떤 회사로 옮겨도 성과를 낸다. 우리는 때로 '직에서 졸업하고, 업으로 입학하는(卒業→入業)' 전환점을 맞이한다. 직으로서의 역할은 충분히 했으나, 업으로서의 갈 길이 멀다는 것을 깨닫는 순간, 그것이 커리어의 중요한 분기점이 되면서 비로소 성장이 시작된다.

회사보다 업이 더 중요한 시대

예전에는 회사가 곧 커리어였다. '어느 회사에 다니는가'가 능력을 증명했다. 하지만 지금은 완전히 다르다. 짧아진 이직 주기, AI의 등장, 평판 중심 채용 등으로 변화의 속도가 무시무시하게 빠르다. 이제 커리어는 회사가 아닌 개인의 능력으로 증명되고 설명되어야 한다.

최근 만난 한 마케터는 5년간 성실히 일했음에도 이직 면접에서 계속 낙방했다. 그는 내게 고민을 털어놨다. "면접관들이 자꾸 '당신이 할 수 있는 게 뭐냐'고 묻는데 마케팅을 했다고 계속 대답해도, 만족하지 않는 것 같아요."

정확한 진단이다. 면접관은 '직무'가 아니라 '업'을 물었다. 당신이 시장에서 만들어낼 수 있는 구체적 가치가 무엇인지 확인하고 싶었던 거다.

누군가에게 마케팅은 '브랜드 구축'일 수 있고, 누군가에게는 '데이터 기반의 효율 최적화'일 수 있다. 또 어떤 이는 영업 직무를 해도 실제 업은 '장기 고객 관계 설계'일 수 있고, 어떤 이는 HR 담당자지만 실제 업은 '경영 판단을 돕는 데이터 분석'일 수 있다. 직무명 뒤에 숨은 진짜 업이 분명하지 않으면 커리어는 쉽게 흔들린다.

그렇다면 자신의 업을 어떻게 찾을 수 있을까? 자기 자신에게 다음의 세 가지 질문을 던져보자. 그 답들이 모이면, 당신의 업은 자연스럽게 드러난다.

1) 내가 반복해서 잘하는 일은 무엇인가?

직무가 아니라 행동이다. 문제 정리, 사람 간 조율, 기획, 데이터 분석, 복잡한 내용 쉽게 설명하기, 사람 설득하기 등.

2) 내가 없어지면 팀이 가장 곤란해지는 순간은 언제인가?

그것이 당신 업의 핵심이다. 동료나 팀장에게 의견을 구해도 좋다.

3) 일을 통해 궁극적으로 만들고 싶은 가치는 무엇인가?

효율, 성장, 변화, 개선, 관계, 구조화, 혁신 등.

업을 정의하지 못한 사람이 흔들리는 이유

많은 직장인이 고민한다. "저는 이제 뭘 해야 할지 모르겠어요.""제 커리어가 어디로 가고 있는지 모르겠습니다.""이직하고 싶은데, 방향이 안 잡혀요." 대개 능력의 문제가 아니라 방향의 문제다. 업을 정의하지 못하면 커리어는 늘 불안하다. 업이 분명한 사람은 회사가 바뀌거나 직무가 흔들려도 기회를 잃지 않는다. 업은 누구도 뺏어갈 수 없는 자신의 '고정 자산'이기 때문이다. 자기 정체성은 '직'이 아니라 '업'에서 나온다.

인터뷰에서 나는 종종 묻는다. "당신은 어떤 일을 '할 수 있는 사람'입니까?" 그리고 "어떤 일을 '하고 싶은 사람'입니까?" 두 개의 교집합이 당신의 업이다. 업이 분명해지는 순간, 이직 타이밍도, 성장 경로도 명확해진다.

오늘 할 수 있는 3가지

1. **동사로 나를 설명하기**

   명함에서 회사 이름과 직함을 가리고, 내가 하루 중 가장 많이 하는 행동을 동사로 3개 적으세요. (예: 설득하다, 보고서를 고치다, 갈등을 중재한다)

2. **업을 한 문장으로 정의하기**

   "나는 [ ]를 통해 [ ]한 가치를 만드는 사람이다"라는 빈칸을 채워 보세요. 거창할 필요 없습니다. 제가 만난 수많은 성공한 사람들도 아주 작은 정의에서 시작했습니다.

3.   **동료에게 슬쩍 물어보기**

"내가 갑자기 한 달 동안 자리를 비우면, 우리 팀에서 어떤 일이 가장 꼬일 것 같아?"

라고 물어보세요. 그 대답 속에 당신이 수행 중인 직을 넘어선 진짜 업의 단서가 숨

어 있습니다.

직은 누군가 줄 수 있지만, 업은 스스로 만드는 것입니다. 업이 분명한 사람은 어떤 환경에서도

흔들리지 않습니다.

생각 주간
─ 성장하는 사람들의 사고 습관

새해가 되면 목표를 세운다. 영어 공부, 자격증, 이직 준비. 그러나 다음 달만 되어도 대부분의 목표는 흐지부지된다. 왜일까? 목표가 잘못되어서가 아니다. 목표를 세우기 전에 '생각할 시간'을 충분히 갖지 않았기 때문일 수 있다.

오랫동안 수많은 커리어를 관찰하며 발견한 분명한 패턴이 있다. 성장하는 사람과 정체되는 사람의 차이는 '얼마나 열심히 일하느냐'가 아니라 '생각하는 시간을 얼마나 전략적으로 확보하느냐'에 있다. 바쁘게 일하는 것과 올바른 방향으로 일하는 것은 전혀 다른 문제다.

최근 만난 한 대기업 팀장은 매년 12월 마지막 주 하루를 '커리어 점검의 날'로 보낸다고 했다. 그날은 아무도 만나지 않는다. 회의, 통화, 심지어 가족 약속도 잡지 않는다. 조용한 카페 한 곳을 정해 노트 한 권과 펜만 들고 가서, 단 세 가지 질문에 집중한다.

- "올해 내가 만든 가치는 무엇인가?"
- "올해 내가 배운 것은 무엇인가?"
- "내년에 내가 달라지고 싶은 모습은 무엇인가?"

그는 이 하루가 커리어의 나침반이라고 말한다. 일 년 내내 바쁘게 살다 보면 방향을 잃기 쉽지만, 이 하루가 있기에 다시 중심을 잡고 방향을 찾을 수 있게 된다는 것이다. 이것이 바로 '생각 주간Think Week'의 본질이다. 오래 비우는 것이 아니라 제대로 비우는 시간, 많은 시간을 투자하는 것이 아니라 올바른 질문에 집중하는 시간이다.

왜 생각 주간이 필요한가

현대 직장인의 일상은 '긴급함'으로 가득하다. 오늘 끝낼 보고서, 내일 발표, 중요한 오후 회의. 매일 '해야 할 일'에 쫓기다 보면 정작 중요한 질문은 사라진다.

- "내가 제대로 가고 있는가?"
- "이 일이 나를 성장시키는가?"
- "지금의 방향이 옳은가?"
- "1년 후 어떤 사람이 되고 싶은가?"
- "내가 쌓는 것은 직인가, 업인가?"

긴급하지는 않지만 중요한 질문들이다. 스티븐 코비가 그의 저서 『성공하는 사람들의 7가지 습관The 7 Habits of Highly Effective People』에서 강조한 '시간 관리 매트릭스'를 떠올려보자. 우리는 대개 '긴급하지만 중요하지 않은 일'에 치여 정작 '긴급하지 않지만 중요한 일'인 자기 성찰이나 전략적 사고를 자꾸 미룬다. 미팅과 프로젝트는 일정에 넣으면서 정작 '생각하는 시간'을 일정에 넣는 사람은 거의 없다. 그래서 사람들은 늘 바쁘기만 하다.

반대로 성장하는 사람들은 다르다. 그들은 속도보다 방향을 먼저 잡는다. 실천보다 점검이 더 중요하다는 사실을 알기에 '생각하는 시간'을 마치 중요한 회의처럼 전략적으로 일정에 배치한다.

빌 게이츠가 발견한 생각의 힘

생각 주간이라는 개념을 대중에게 알린 사람은 빌 게이츠다. 그는 40여 년간 매년 두 번씩, 일주일 동안 자신의 별장에 들어가 홀로 생각하는 시간을 가졌다. 전화도 끄고, 이메일도 최소화하고, 사람도 만나지 않았다. 외부와 단절한 채 책을 읽고, 생각하고, 메모하는 데만 집중했다.

"생각 주간 동안 만든 문장 하나가 회사의 10년을 결정하기도 한다"는 그의 말은 과장이 아니다. 실제로 인터넷 브라우저에 대한 마이크로소프트의 전략적 전환도 이 시기에 탄생했다. 이것이 생각 주간의 본질이다. 단순한 휴식이나 정리의 시간이 아니라, 미래 방향을 설정하는 전략적 사고의 시간이다.

물론 우리가 빌 게이츠처럼 일주일씩 오롯이 자신만을 위한 시간을 내기는 어렵다. 하지만 여기서 중요한 것은 '얼마나 오래' 시간을 내느냐가 아니다. '얼마나 깊게' 생각하느냐이다. 직장인에게는 하루 아니, 심지어 제대로 집중할 수 있는 3시간만으로도 충분히 의미 있는 생각 시간을 만들 수 있다.

생각 주간, 어떻게 실행할 것인가

성공한 후보자들을 관찰하면서 발견한 공통 패턴을 바탕으로, 직장인을 위한 현실적 실행 방법을 제안한다. 이는 내가 현장에서 만난 인재들이 무의식적으로, 혹은 전략적으로 실천해 온 방식들을 정리한 것이다.

1) 환경을 만든다

생각 주간은 물리적 공간 분리에서 시작된다. 일상에서 잠시 벗어나는 것이 핵심이다. 조용한 카페 한 곳을 정해도 좋고, 도서관의 조용한 좌석도 좋다. 호텔에서 하루 머무르는 것도 괜찮다. 핵심은 '생각 외의 다른 일을 할 수 없는 환경'을 만드는 것이다. 스마트폰은 비행기 모드로 바꾸거나 멀리 치워라. 스마트폰이 눈앞에 있는 한, 깊이 있는 진짜 사고는 어렵다.

다음 단계는 지난 시간을 정리하는 것이다. 올해를 세 개의 문장으로 요약하자.

- "올해 나는 어떤 문제를 해결했는가?"
- "올해 나는 어떤 능력을 새롭게 키웠는가?"
- "올해 나는 어떤 관계(네트워크)를 만들었는가?"

세 문장은 단순한 회고가 아니라 당신의 업을 보여주는 거울이다.

과거를 정리했다면, 이제 더 깊은 질문을 할 차례다. 다음 다섯 가지 질문에 정직하게 답하자.

- "나는 어떤 일에 가장 몰입했는가?"
- "나는 어떤 일에서 반복적으로 문제를 해결했는가?"
- "나는 어떤 순간에 '내가 성장하고 있다'고 느꼈는가?"
- "조직이 나에게 기대하는 역할은 무엇인가?"
- "내가 되고 싶은 사람은 누구인가?"

이 질문들은 커리어의 뼈대를 만든다. 몰입했던 일은 당신의 강점을, 반복적으로 해결한 문제는 당신의 전문성을, 성장을 느낀 순간은 당신의 방향성을 보여준다. 조직의 기대와 자신이 원하는 모습의 간극을 파악하는 것도 중요하다. 그 간극이 바로 당신의 다음 도전 과제다.

4) 미래를 설계한다(선택과 집중)

마지막 단계는 목표 설정이다. 성공하는 사람들은 욕심내지 않는다. 딱 3개만 제대로 잡아라.

- 업業과 연결된 목표: 당신의 전문성을 더 깊게 만들 핵심 과제
- 기술적 성장 목표: 새로운 스킬이나 지식을 습득
- 관계와 평판 목표: 네트워크 확장 및 퍼스널 브랜딩

세 가지면 충분하다. 욕심내지 말자. 세 가지를 제대로 실행하는 것이 열 가지를 계획만 하는 것보다 훨씬 효과적이다.

진짜 일주일을 낼 수 있다면: 커리어 리부트 7일 루틴

앞서 '하루면 충분하다, 3시간도 가능하다'고 말했다. 하지만 정말로 일주일의 시간을 낼 수 있다면, 혹은 더 체계적인 성찰을 원한다면 내가 제안하는 '커리어 리부트 7일 루틴'을 활용하길 권한다.

이 루틴은 빌 게이츠의 '생각 주간Think Week'에서 영감을 받았지만, 지난 20여 년간 현장에서 만난 수많은 성공한 사람들의 이야기를 듣고 내가 나름대로 정리한 것이다. 그들과 대화하며 그들이 스스로를

어떻게 점검하고 다음 단계로 나아가는지 듣고, 그들이 말하는 공통 과정들을 누구나 따라 할 수 있게 7단계로 만들었다. 과거를 돌아보는 것에서 시작해 미래에 도움을 줄 사람들을 연결하는 것까지 자연스럽게 생각을 확장하는 구조다.

Day 1 – 정리: 올해 나는 무엇을 했는가?

지난 1년간의 활동을 시간 순서대로 정리하고 복기한다. 프로젝트, 성과, 실패, 배움, 만남까지 모두 기록한다. 판단하지 말고 일단 모두 적는다.

Day 2 – 분석: 나는 어떤 일을 '반복적으로' 잘했나?

Day 1에서 적은 리스트에서 패턴을 찾는다. 어떤 종류의 문제를 반복적으로 잘 해결했는가? 어떤 상황에서 성과가 나왔는가? 이것이 당신의 강점이다.

Day 3 – 성찰: 나는 어떤 사람으로 성장 중인가?

숫자와 성과를 넘어, 내면을 들여다본다. 나는 어떤 가치를 중요하게 여기는가? 어떤 순간에 의미를 느끼는가? 내가 추구하는 삶의 지향점을 점검한다.

Day 4 – 미래: 나는 어떤 업으로 살아가고 싶은가?

이제 시선을 미래로 돌린다. 3년 후, 5년 후 나는 어떤 전문가가 되고 싶은가? 어떤 일로 인정받고 싶은가? 직책이 아니라 '업'의 관점에서 생각한다.

Day 5 – 전략: 내년의 3가지 목표는 무엇인가?

앞서 설명한 세 가지 목표(업 관련, 기술적 성장, 관계와 평판)를 구체화한다. '영어 공부'와 같은 막연한 목표보다 '해외 파트너와 직접 협상할 수 있을 정도의 비즈니스 영어 수준 달성'처럼 명확하게 정의한다.

Day 6 – 실행: 목표 달성을 위한 10가지 행동은?

각 목표를 실행 가능한 행동으로 나눈다. '매주 월수금 아침 7시 화상 영어'처럼 당장 내일 아침부터 할 수 있는 구체적인 계획을 만든다.

Day 7 – 연결: 나를 도울 네트워크는 누구인가?

마지막으로, 목표 달성을 도와줄 사람들을 떠올려 본다. 멘토, 동료, 전문가. 누구에게 조언을 구하고 누구와 협업할 것인가? 내가 만난 성공한 이들은 결코 혼자 가지 않았다.

현실적으로 일주일을 온전히 비우기 어려운 직장인이 대다수임을 잘 안다. 그렇다면 이 7단계를 하루에 압축해도 된다. 아침부터 저녁까지 7시간, 각 단계에 1시간씩 할애하는 것이다. 혹은 일주일 동안 매일 저녁 1시간씩 진행해도 괜찮다.

중요한 것은 7일이라는 기간이 아니라 정리 → 분석 → 성찰 → 미래 → 전략 → 실행 → 연결로 이어지는 7단계의 사고 과정이다. 이 흐름만 지킨다면 형식은 자신의 상황에 맞게 자유롭게 조정해도 된다.

생각 주간이 가져오는 변화

최근 사모펀드로 이직한 한 후보자는 이직 결정 전 이틀의 연차를 내고 생각 주간을 가졌다. 그는 이틀간 자신의 성과와 미래 목표를 A4 용지에 빼곡히 정리했고, 덕분에 이직의 확신을 얻었다. 그는 내게 이렇게 말했다. "그 이틀 덕분에 이력서 작성이 훨씬 쉬워졌고 면접에서도 내가 가고자 하는 방향을 자신 있게 말할 수 있었습니다."

생각 주간은 결국 자기를 이해하는 시간이다. 자신을 이해하면 결정이 쉬워지고, 막연한 불안이 줄어든다. 방향이 명확해지니 실행에는 당연히 속도가 붙는다.

지난 2024년 한 포럼에서 만난 소설가 정유정 작가의 이야기도 큰 울림을 주었다. 그는 작품 하나에 보통 3년 정도를 투자하는데, 그중 상당 시간을 리서치와 구상에 쓴다고 했다. 섬세한 묘사와 디테일의 비결을 묻는 나의 질문에 그는 '충분히 생각하는 시간'이라고 답했다. 우리도 마찬가지다. 베스트셀러를 쓸 정도는 아니더라도, 우리 커리어의 방향을 정하는 데는 반드시 생각하는 시간이 필요하다. 1년 365일 중 적어도 단 하루는 온전히 나를 돌아보고 미래를 설계하는 데 써야 하지 않겠는가.

최소한 자신의 커리어 방향만큼은 자신이 스스로 설계할 수 있어야 한다. 회사가 정해준 목표만 좇다가 어느 순간 길을 잃어서는 안 된다. 이 장을 읽고 '좋은 이야기네'라고 생각만 한다면 아무것도 변하지 않는다. 지금 당장 달력을 펴고 자신을 위한 시간을 예약하자.

오늘 할 수 있는 3가지

1. **이번 달 안에 '생각하는 하루Think Day'를 위한 일정 잡기**

   지금 당장 달력을 펴고 날짜를 표시하십시오. '언젠가'는 오지 않습니다. 구체적인 날짜만이 실행을 만듭니다. 실행력이 90%를 결정합니다.

2. **올해 내가 해결한 문제 3개 지금 바로 메모하기**

   완벽한 문장이 아니어도 괜찮습니다. 키워드만 적어도 됩니다. 기억이 희미해지기 전에, 지금 이 순간 적어 두십시오. 그것이 생각 주간의 출발점입니다.

3. **내년 목표 3개 적기**

   완벽하지 않아도 됩니다. 구체적이지 않아도 괜찮습니다. 일단 방향만 정하십시오. 생각 주간을 통해 구체화하면 됩니다. 시작이 먼저입니다.

복잡한 이론은 필요 없습니다. 거창한 준비도 필요 없습니다. 필요한 것은 단 하나, 오늘 당장 시작하는 용기입니다.

4장

진짜 전문가의 5단계

전문가라고 하면 어떤 이미지가 떠오를까? 경력이 오래된 사람, 높은 직급, 혹은 어려운 용어를 구사하는 사람? 몇 년 전 한 리서치 기관의 조사[2]에 따르면 직장인 10명 중 6명이 스스로를 전문가라고 생각한다고 답했다. 내가 만났던 후보자들도 대부분 본인을 전문가라고 이야기한다. 하지만 그 근거를 물으면 '업계 경력 OO년'이라고 대답한다.

시간이 쌓이면 자연스럽게 전문성도 쌓일 것이라는 믿음, 하지만 이것은 위험한 착각이다. 전문가는 '시간의 결과'가 아니라 '시간을 어떻게 사용했느냐의 결과'다. 20년 경력자가 채용에서 고배를 마시는 반면, 5년 차 경력자가 파격적인 대우를 받으며 이직하는 사례를 수없이 봤다. 차이는 명확하다. 시간을 그냥 '보내는 사람'과 시간을 '쌓는 사

---

2) 사람인이 직장인 1,025명을 대상으로 '직무 전문성'에 관해 실시한 조사(2021)

람'의 차이다. 전문성은 시간의 양이 아니라 질에 있다.

전문성 5레벨 정의

한국바른채용인증원에서는 전문성을 '해당 직무에 대한 지식이나 기술 수준은 물론, 이를 활용해 일을 잘 해내는 행동 특성'이라 정의하며, 5단계로 구분한다.[3] 이 단계를 이해하면 자신이 어느 위치에 있는지, 다음 단계로 가려면 무엇이 필요한지 명확히 보인다.

Level 1 : 할 수 있는 사람 – Performer

'시키면 합니다. 하지만 왜 하는지는 모릅니다.'

대부분의 직장인이 거치는 출발점이다. 업무 처리에 초점이 맞춰져 있어 매뉴얼대로 정확히 끝내는 것이 목표다. 일의 이해보다 완료가 우선이다. "이 보고서를 왜 쓰는지는 모르지만, 양식에 맞춰 작성했습니다." "이 프로세스가 왜 필요한지는 모르지만, 빠짐없이 따랐습니다." 이 단계는 출발점이다.

문제는 여기서 멈추는 사람에 있다. 최근 한 3년 차 후보자 평판 조회에서 "일은 빠르고 정확한데, 왜 하는지 모르고 한다. 가이드를 주면 정확히 가이드를 따른다"는 피드백이 나왔다. 그는 3년 동안 같은 업무를 반복했지만 여전히 Level 1에 머물러 있다. 이 단계에 오래 머무르면서 '경력을 쌓았다'는 환상에 빠지기 쉽다. 이력서에는 3년, 5

---

3) 한국바른채용인증원 역량사전(2021)

년, 10년이라고 쓰지만, 실제로는 1년을 3번, 5번, 10번 반복한 것이다.

'왜 이 일을 하는지 안다.'

　단순 업무 처리를 넘어 일의 맥락과 목적을 파악하고 이해하기 시작하는 단계다. "이 보고서는 경영진의 투자의사 결정에 사용되므로, 정확한 데이터가 중요합니다." "이 프로세스는 고객 불만을 줄이기 위한 것입니다. 그래서 이 단계를 건너뛰면 안 됩니다." "이 회의는 부서 간 정보 공유가 목적입니다. 그래서 우리 팀의 진행 상황을 명확히 전달해야 합니다." 맥락을 이해하니 오류가 줄고 핵심에 집중하게 되어 속도가 붙는다. 상사가 안심하고 일을 맡기는 '일 잘하는 사람'이 바로 이 단계다. 하지만 '일 잘함'과 '승진'은 별개다.

　여기서 많은 직장인이 혼란을 겪는다. "나는 일을 잘하는데 왜 승진이 안 되지?" "매년 좋은 평가를 받는데 왜 나는 여전히 이 자리에 있지?" 한 글로벌 회사의 HR 담당자가 들려준 이야기가 이 질문에 명확한 답을 준다. 그는 성과급과 승진의 기준을 이렇게 설명했다.

　"같은 일을 매년 잘한다고 해서 승진하는 것은 아닙니다. 같은 일을 잘하면 그 일에 대한 성과가 좋으니 성과급을 줍니다. 하지만 승진을 하려면 현재 맡은 일 + 알파를 보여줘야 합니다."

　이 말에는 중요한 통찰이 있다. Level 2에서 아무리 뛰어나게 일해도, 그것은 현재 직급에서 '잘하는 것'일 뿐이다. 다음 직급으로 올라가려면 다음 직급에서 해야 할 일을 미리 보여줘야 한다. 아무리 완벽하게 보고서를 작성해도, 그것만으로는 다음 직급이 될 수 없다. 보고서 작성을 넘어서 '이 프로젝트를 어떻게 더 효율적으로 진행할 것인가', '팀원들을 어떻게 성장시킬 것인가'를 보여줘야 한다. 현재 일을 잘하는 것은 당연한 전제 조건이다. 승진은 그다음 단계의 일을 할 준비가 되어 있음을 증명하는 것이다. 이것이 Level 2와 Level 3의 결정적 차이다.

Level 3 : 개선하는 사람 - Improver

'더 나은 방식을 스스로 만든다.'

조직에서 가치가 급상승하는 단계다. 반복되는 비효율을 발견하고 프로세스를 개선한다. 이 단계에서는 데이터를 근거로 판단하며, 업무 프로세스를 스스로 설계한다. "당신 없으면 일이 안 돌아간다"는 말을 종종 듣는다.

한 IT 솔루션 회사의 영업팀 과장 이야기이다. 그가 처음 팀에 합류했을 때, 영업팀은 각자의 방식대로 움직이고 있었다. 어떤 사람은 엑셀로 고객을 관리하고, 어떤 사람은 수첩에 적고, 또 어떤 사람은 기억에만 의존했다. 신입이 들어오면 선배마다 다른 방식을 알려줬고, 독립적으로 영업하기까지 시간이 걸렸다. 그는 문제를 발견했다. '이건 개인의 능력 문제가 아니라 시스템의 문제다.' 그는 팀원들의 영업 활동을 관찰하고 데이터를 모으며 성과가 좋은 영업사원들의 공통 패턴을 찾아냈다. 그리고 영업 프로세스를 5단계로 표준화했다. 첫 접촉, 니즈 파악, 제안, 협상, 계약까지 단계마다 체크리스트를 만들고 CRM 시스템에 입력하도록 했다. '내 방식이 있는데 왜 바꿔야 하냐'는 반발도 있었지만, 그는 데이터로 설득했고 결국 팀 매출을 35%나 올렸다. 이제 그는 본인의 고객만 관리하는 게 아니라 '팀 전체가 잘 돌아가는 구조'를 만드는 데 집중한다.

이 단계의 핵심은 기술보다 태도다. 문제를 발견하는 눈과 이를 끝까지 개선하는 책임감이 진짜 전문가를 만든다.

Level 4 : 영향력을 확장하는 사람 – Scaler

'혼자 잘하는 것을 넘어서, 조직을 더 잘하게 만듭니다.'

이 단계는 리더나 팀장이 되는 것과 자연스럽게 연결된다. 물론 직책이 있어야만 가능한 것은 아니다. 핵심은 영향력이다. 단순히 일을 가르치는 것이 아니라, 일하는 판단 기준을 전수한다.

리더가 없어도 팀이 스스로 결정할 수 있는 시스템을 구축하는 단계로 "나 없으면 안 돌아간다"가 아니라 "나는 다음 단계로 가고, 이 일은 시스템으로 돌아간다"고 말한다. 평판 조회에서 "그가 만든 기준이 우리 조직의 표준이 되었다"는 평가를 받는다면 그 사람은 이미 Level 4다.

Level 5 : 분야를 재정의하는 사람 – Redefiner

'일의 기준 자체를 바꿉니다.'

전문성의 최종 단계다. 수년간 한 분야를 깊게 파고든 사람만 도달할 수 있는 자리다. 이 단계의 사람들은 새로운 기준을 만든다. '이 분야는 원래 이렇게 하는 것'이라는 통념을 깨고 새로운 방식을 제시한다. 한 분야만 깊게 아는 게 아니라, 여러 분야를 연결하고 다른 분야의 원리를 가져와 혁신을 만든다.

한국도로공사의 윤석덕 차장이 제안한 '노면 색깔 유도선'이 좋은 예다. 그는 고속도로 사고를 줄이기 위해 '노면 색깔 유도선'이라는 혁신적 아이디어를 제안했다. 특별한 첨단 기술이 필요하지도 않았다. 하지만 기존에 없던 방식이었기에 법적 제약과 "예산 낭비 아니냐"는 주변의 반대가 있었다. 3년간 끈질기게 데이터를 모으고, 소규모 실험을 하며 설득했다. 결과는 놀라웠다. 교통 사고율이 88% 감소했다. 이제 노면 색깔 유도선은 고속도로 안전의 새로운 기준이 되었다. "누구나 할 수 있다고, 아무나 할 수 있는 게 아니다. 한꺼번에 끝내려 하지 말고 주도적으로 차근차근 꾸준하게 해가는 게 필요하다"는 그의 말은 Level 5 전문가의 본질을 정확히 짚는다. 기술의 문제가 아니라 관점과 끈기의 문제다.

소믈리에와 술을 20년 마신 사람의 차이

내가 자주 드는 비유가 있다. 소믈리에와 술을 20년 마신 사람이다. 어떤 이는 와인을 3년 마시고 소믈리에가 되지만, 어떤 이는 20년을 마시고도 그냥 '술 좋아하는 사람'에 머문다. 차이는 기록과 분석, 즉 학습에 있다. 경력도 마찬가지다. 1년의 경험을 20번 반복한 사람과 매년 깊이를 더한 사람의 가치는 채용 시장에서 하늘과 땅 차이다.

전문성은 '의도적 수련'에서 나온다

전문성을 키우고 싶다면 두 가지가 필요하다. 반복과 의도다. 반복만 있고 의도가 없으면 10년을 해도 성장은 없다. 같은 일을 100번 해도 의도가 없으면 그냥 100번을 반복한 것이다. 하지만 의도 있는 반복은 1년만 해도 그 깊이가 달라진다. 의도적 수련Deliberate Practice이란 무엇일까? 심리학자 안데르스 에릭슨Anders Ericsson이 제안한 개념으로 단순한 반복이 아니라, 목표를 설정하고, 피드백을 받고, 개선하는 과정을 반복하는 것이다.[4]

간단한 예를 들어보자. 매주 보고서를 써서 제출하는 사람이 두 명 있다. A는 그냥 제출한다. B는 매번 '이번에는 데이터 시각화를 더 명확하게', '이번에는 결론을 먼저 제시하는 방식으로', '이번에는 경영진의 질문을 예상해서 미리 답을 준비'하며 작성한다. 1년 후 누가 더 성장했을까? 당연히 B다. A는 보고서를 50번 쓴 사람이지만, B는 보고서 쓰기 전문가가 된 사람이다. 시간이 흐른다고 저절로 전문가가 되지는 않는다.

철학자 휴버트 드레이퍼스Hubert Dreyfus는 초보자Novice, 고급입문자Advanced Beginner, 능숙자Competent, 숙련가Proficient, 전문가Expert의 5단계를 제시하며 단계적 성장의 중요성을 강조했다.[5] 특히 최종 '전문

---

4) 안데르스 에릭슨·로버트 풀 『1만 시간의 재발견 Peak: Secrets from the New Science of Expertise』 (2016)

5) 휴버트 드레이퍼스 『마인드 오버 머신Mind Over Machine』 (1986)

가' 단계는 의식적 사고 없이도 전문적 판단을 내릴 수 있는 수준이라고 정의했다.

이처럼 다양한 기관과 학자들이 제시하는 프레임워크는 세부적으로는 조금씩 다르지만, 공통적인 메시지는 하나다. '전문성 발달에는 단순한 시간 경과가 아니라 의도적이고 체계적인 성장이 필요하다.'

전문성 5단계의 자가 진단법

자신이 어느 레벨에 있는지 궁금한가? 각 단계는 다음 질문으로 점검할 수 있다.

- Level 1: "지시 없이도 일을 시작할 수 있습니까?"
- Level 2: "내 업무의 목적과 맥락을 다른 사람에게 명확히 설명할 수 있습니까?"
- Level 3: "최근 6개월 동안 내가 개선한 것을 3가지 이상 말할 수 있습니까?"
- Level 4: "나는 팀이나 조직의 새로운 기준을 만든 적이 있습니까?"
- Level 5: "나는 분야에 새로운 관점이나 방법론을 제시한 적이 있습니까?"

이 질문에 정직하게 답하는 것만으로 자신의 현재 위치를 분명히 알수 있다. 그리고 다음 단계로 가기 위해 무엇이 필요한지도 보인다. 중요한 것은 객관적 평가다. 정확한 자기 인식이 성장의 첫걸음이다. 이 장을 읽고 나서 '나도 전문가가 되고 싶다'고 생각만 한다면, 아무것도 변하지 않는다. 전문성은 의도에서 시작되지만, 실천으로 완성된다.

오늘 할 수 있는 3가지

1. **지난 6개월 동안 내가 개선한 것 3가지 지금 바로 적기**

   프로세스 개선, 업무 효율화, 새로운 방법 시도, 무엇이든 좋습니다. 만약 없다면, 당신은 Level 1이나 Level 2에 머물러 있을 가능성이 높습니다. 그렇다면 지금부터라도 개선을 시작하세요.

2. **나보다 뛰어난 사람 5명을 정하고 관찰하기**

   같은 회사 선배, 다른 회사 전문가, 업계 리더, 누구든 좋습니다. 그들이 어떻게 일하는지, 어떻게 판단하는지, 어떻게 소통하는지 관찰하세요.

3. **내가 만든 작은 기준 하나 정의하기**

   "우리 팀 보고서는 결론을 첫 페이지에 쓴다", "우리 팀 회의는 사전에·어젠다를 공유한다", "우리 팀 코드는 이 스타일 가이드를 따른다" 등 작은 기준이라도 당신이 직접 만드는 순간, 당신의 영향력이 시작됩니다.

전문가는 타고나는 것이 아닙니다. 만들어지는 것입니다. 그 시작은 오늘, 지금, 이 순간입니다.

5장

T형을 넘어서 π형 인재의 시대
— 인재상의 진화

불과 몇 년 전까지만 해도 기업이 원하는 인재를 설명할 때 가장 많이 쓰이던 단어는 'T형 인재'였다. 한 분야의 깊이 위에 넓은 기반을 갖춘 사람, 협업과 문제 해결에 강한 사람. 직장인이라면 누구나 한 번쯤 들어봤을 법한 개념이다. 2010년대 중반까지만 해도 기업으로부터 받는 채용 의뢰는 대부분 이랬다. "T형 인재를 찾아주세요. 마케팅 전문가인데 협업도 잘하는 사람 말입니다.""재무 전문가인데 커뮤니케이션도 되는 분이 있을까요?"

하지만 채용 현장에서는 이미 큰 변화가 있었다. 여전히 'T형 인재'라는 용어가 사용되기는 하지만, 실제 기업이 갈구하는 인재는 그보다 한 단계 더 진화한 형태다. 최근 한 글로벌 기업의 인사담당 임원은 내게 이렇게 털어놓았다. "솔직히 T형으로는 부족합니다. 우리가 진짜 찾는 건 두 개 이상의 전문성을 가진 사람이에요. 마케팅만 잘하는 게 아니라 데이터도 읽을 줄 아는 사람, 영업만 잘하는 게 아니라 AI 툴로 고객을 분석할 줄 아는 사람 말이죠."

현재진행형으로 기업이 진짜 찾는 사람은 '두 개 이상의 전문적 기둥'을 가진 바로 π(파이)형 인재다.

T형 인재 vs π형 인재

T형 인재는 디자인 컨설팅 기업 IDEO의 CEO 팀 브라운Tim Brown이 대중화한 개념으로 알려져 있다.[6] 한 분야의 깊은 전문성을 갖추되, 타 분야 전문가와 협업할 수 있는 넓은 공감 능력을 갖춘 사람을 뜻한다. 기업 현장에서는 일본 도요타가 이 개념을 적극적으로 도입하며 널리 퍼졌다. 결국 한 분야의 수직적 전문성과 타 분야에 대한 수평적 포용력을 갖춘 인재가 산업화 시대의 표준이 되었다.

한동안 유행하던 T형 인재 개념을 확장해서 π형 인재의 철학적 근거를 보여준 이는 스티브 잡스다. 그는 '창의성을 그저 사물을 연결하는 것Creativity is just connecting things'이라고 설명했다.[7] 실제로 그는 대학 시절 탐닉했던 서예의 미학, 평생의 철학이었던 선불교의 단순함, 그리고 첨단 기술이라는 서로 다른 영역을 연결해 애플의 혁신을 만들어 냈다. 그는 각 분야의 기술자가 아니었음에도 그 본질을 깊게 파고들어 하나로 꿰어내는 능력이 탁월했다. π형 인재는 바로 잡스의 이

---

6)   팀 브라운 「Chief Executive」 인터뷰(2009)

7)   스티브 잡스 「Wired Magazine」 인터뷰(1996)

러한 연결 철학과 일치한다. 두 개 이상의 전문 분야(두 개의 기둥)에서 얻은 통찰을 가로축으로 연결해 새로운 가치를 창출하는 것이다.

국내에서는 2004년 삼성종합기술원이 T형 인재를 넘어 두 개 이상의 전문성을 융합하는 'π형 인재'를 인재상으로 제시하며 주목받기 시작했다. 오늘날 기업이 말하는 π형은 단순히 '두 분야를 잘한다'는 수준을 넘어선다. 현장에서 체감하는 기준은 훨씬 구체적이다.

π형 인재의 3요소

채용 현장에서 관찰한 π형 인재는 다음 세 가지 요소로 구성된다.

첫 번째 기둥: 본업의 깊이

π형 인재의 근간은 '본업의 깊이'다. 기업은 여전히 이것을 가장 중요하게 본다. 기업의 모든 분야에서 최소 3~5년을 몸으로 부딪치며 쌓은 통찰이 필요하다. 경력이 길다고 전문가로 인정받지는 않는다. 최근 면접에서 만난 한 외국계 기업 임원은 "경력 10년이 곧 전문성을 의미하진 않는다. 어떤 문제를 반복적으로 해결해 왔는지가 핵심"이라고 강조했다. 또한 최근 만난 한 대기업 임원은 "AI 시대라고 본업이 덜 중요한 게 아니에요. 오히려 더 중요해요. 기술이 발전해도 결국 판단과 책임은 전문가의 몫이니까요. 마케팅을 모르는데 AI로 마케팅한다? 말도 안 됩니다"라고 말했다. 본업의 깊이가 없는 π형은 모래성이다. 두 개를 얕게 아는 것은 π형이 아니라 그냥 '잡다한 스펙'일 뿐이다.

두 번째 기둥은 시대적 요구인 AI·디지털 역량이다. 여기서 중요한 것은 단순히 AI 툴을 사용하는 기능적 숙련도가 아니라 'AI를 전제로 업무를 재설계하는 능력'이다. 최근 한 외국계 기업 HR 담당자가 이런 말을 했다. "우리가 찾는 건 ChatGPT 쓸 줄 아는 사람이 아니에요. AI를 활용해서 일하는 방식 자체를 바꿀 수 있는 사람이에요. 예를 들어, 채용 과정을 AI로 어떻게 재설계할 수 있는지 고민하고 실행할 수 있는 사람. 그런 사람이 필요합니다."

최근 한 제조사의 생산관리 차장을 만났다. 그는 20년 차 베테랑이었지만, 1년 전부터 AI를 배우기 시작했다. "처음엔 '내 나이에 무슨 AI냐'고 생각했어요. 하지만 젊은 친구들이 AI로 생산 스케줄을 최적화하는 걸 보고 깨달았죠. 이거 안 배우면 도태되겠구나." 이제 그는 AI로 생산라인 시뮬레이션을 돌리고, 불량률을 예측하고, 재고 최적화를 한다. "예전에는 경험과 감으로 했다면, 이제는 경험과 AI를 섞어요. 훨씬 정확하고 빠릅니다." 그는 이제 단순한 생산 전문가가 아니라 '생산관리+AI'라는 두 번째 기둥을 세운 π형 인재로 거듭났다.

마지막으로 π형 인재를 받쳐주는 가로축은 '맥락을 읽는 눈'이다. 조직의 흐름, 고객의 관점, 시장의 변화, 커뮤니케이션 능력, 문제의 본질을 보는 눈. 채용에서 가장 높이 평가하는 것이 바로 이 가로축이다. 두 개의 전문성을 가졌어도, 이것이 없으면 그냥 '두 가지 일을 하는 사람'일 뿐이다.

최근 한 스타트업 대표가 이렇게 말했다. "우리 팀에 마케팅도 하고 데이터 분석도 하는 사람이 있는데, 문제는 둘이 따로 논다는 거예요. 마케팅할 때는 데이터를 안 보고, 데이터 분석할 때는 마케팅 관점이 없어요. 이건 π형이 아니라 그냥 두 가지 일을 하는 사람이에요." 반대로 조직·시장·사람을 관통하는 맥락 이해력이 있을 때, 두 개의 깊이는 비로소 서로를 증폭시키기 시작한다. 마케팅 전문성이 데이터 분석 능력을 만나 폭발적인 인사이트를 내려면, 이 둘을 비즈니스 맥락 안에서 연결하는 사고방식이 필수적이다.

π형 인재로 성장하는 현실적 방법

어떻게 하면 π형 인재가 될 수 있을까? 거창한 이론 공부가 아니라 '두 개의 기둥'을 장기적으로 쌓아 올리는 실천적 전략이 필요하다. 내가 채용 현장에서 발견한 '기회를 잡는 사람들'의 성장 공식은 다음과 같다.

첫째, 첫 3~5년은 본업의 깊이에 몰입하라

커리어 초반 3~5년은 가급적 한 분야의 업業에 몰입해야 한다. 마케팅, 영업, HR 등 무엇이든 상관없다. 이 시기는 자신의 '첫 번째 기둥'을 세우는 골든타임이다. 이 기간 반드시 해야 할 일이 있다. 우선 업무에서 반복되는 문제와 패턴을 찾아내라. "우리 팀에서 매번 병목현상이 생기는 지점은 어디인가?"라는 질문을 던지며 자기만의 해결 원칙을 만들어야 한다. 또한, 성과를 단순한 숫자가 아니라 '내가 무엇을 해결했고, 어떤 결과를 만들었는지' 구조화하여 기록해야 한다

최근 만난 한 스타트업 대표가 이렇게 말했다. "우리 회사에서 가장 빨리 성장하는 사람들의 공통점은 초반 3년 동안 한 가지에 미친 듯이 몰입했다는 거예요. 그 기반 위에 새로운 역량을 쌓으니까 속도가 붙더라고요." 본업이 탄탄하지 않으면 π형은 불가능하다.

지금 시대에 두 번째 기둥으로 가장 강력한 것은 AI·디지털 역량이다. 단순히 툴 몇 개를 배우는 차원을 넘어, 내 일을 AI와 함께 다시 설계 Redesign하는 경험을 쌓아야 한다.

구체적으로 어떻게 시작할까? 업무에 당장 적용할 3가지를 찾아라. "이 일을 AI가 도와주면 어떻게 될까?" 작은 것부터 시도하고 AI 중심의 업무 흐름을 재설계하라. "이 과정에서 AI가 하면 좋은 부분은 어디인가?" "내가 해야 할 부분은 어디인가?"를 구분하라. AI가 데이터를 분석하고 초안을 잡는 동안, 당신은 그 결과물을 사람에게 설득력 있게 전달하는 '인간적 기술'에 집중해야 한다. 한 외국계 기업 마케팅 이사는 'AI는 도구가 아니라 전문성 확장 장치'라며, 자신의 마케팅 감각에 AI 분석 능력을 더한 뒤로 의사결정의 질이 완전히 달라졌다고 말했다. 이제 그는 단순 마케터가 아닌 '마케팅+AI' 전문가다.

π형 인재가 되는 가장 빠른 길은 '연결'이다. 본업과 AI를 따로 공부하지 말고, 둘을 잇는 작은 프로젝트를 실행하라. 이런 질문을 던져보자.

- "AI가 내 업무에서 가장 시간 잡아먹는 부분을 어떻게 줄여줄까?"
- "데이터로 판단해야 할 부분은 무엇일까?"
- "AI에게 맡겼을 때 더 좋아지는 지점은 어디인가?"

'고객 분석을 AI로 자동화를 해볼까?', '시장분석 시뮬레이션을 AI로 돌려볼까?' 등과 같은 시도들이 쌓여야 한다. π형은 책상 앞의 '공부형' 인재가 아니라, 프로젝트로 증명하는 '실전형' 인재다. 작은 프로젝트 하나하나가 당신의 두 기둥을 잇는 단단한 가교가 된다.

마지막으로 가로축인 '맥락 읽기' 능력을 키워야 한다. 숫자만 보는 분석가도, 사람만 보는 HR 담당자도, 캠페인만 보는 마케터도 아닌, 조직·고객·시장을 입체적으로 보는 연습이 필요하다. 회의에서 다른 팀의 관점을 이해하려 노력하고, 데이터 너머에 있는 실제 고객의 목소리에 귀를 기울여라. 업계 리포트를 주기적으로 점검하고, 경쟁사를 관찰하며 시장 트렌드의 본질을 파고드는 질문을 던져야 한다. "이 문제의 근본 원인은 뭘까?" "우리가 정말 해결해야 할 것은 뭘까?" 가로축이 넓어질수록 당신의 두 기둥은 더욱 강력하게 결합한다.

π형 인재가 되면 달라지는 것

π형 인재가 되면 무엇이 달라질까? 채용 현장에서 내가 관찰한 답은 명확하다. 첫째, 의사결정 속도가 빨라진다. 두 분야를 모두 이해하고 있으니 설명과 설득에 드는 시간이 획기적으로 줄어든다. 둘째, 기회를 찾는 감각이 날카로워진다. '여기는 데이터로 증명할 수 있겠네'라는 통찰이 즉각적으로 떠오른다. 셋째, 채용 시장에서의 경쟁력이 달라진다. 헤드헌터가 π형 인재의 이력서를 보는 순간 '이 사람은 다르다'는 느낌을 받는다. 특히 고급 인재 시장에서도 π형 인재는 매우 희소하기 때문에 기업이 먼저 연락하는 경우가 늘어난다. 리더십의 질이 바뀌고, 이직 시 더 높은 레벨의 포지션으로 이동하는 것은 당연한 결과다. 그리고 무엇보다, 스스로 성장하는 사람이 된다.

기업은 결국 이런 사람을 찾는다

채용 시장에서 20여 년을 보내며 확신하게 된 것이 있다. 이제 기업은 더 이상 '오래 해 온 사람'이나 '한 분야만 깊이 판 사람'을 최고로 치지 않는다. 기업이 갈구하는 진짜 인재는 '본업이 탄탄하면서도, 그 본업을 AI 시대에 맞게 확장할 수 있는 사람'이다.

T형으로는 부족하다. 한 줄기 깊이만으로는 이 빠른 변화의 파도를 넘을 수 없다. 두 개의 기둥을 세우고 그 위에 넓은 맥락 이해력을 얹어라. 그것이 AI 시대를 살아가는 직장인의 생존 전략이자 최고의 성

장 전략이다. π형 인재가 되는 길은 오늘부터 시작된다.

오늘 할 수 있는 3가지

1. **내 업을 한 문장으로 정의하기**

   "나는 무엇을 반복적으로 잘 해결하는 사람인가?" 예를 들어, "나는 고객 문제를 데이터로 설명하는 사람이다", "나는 복잡한 프로세스를 단순하게 만드는 사람이다". 한 문장으로 정리하십시오. 이것이 당신의 첫 번째 기둥입니다.

2. **AI에게 내 업무의 '일부'를 외주 주기**

   보고서 작성, 데이터 정리, 고객 분석, 일정 관리, 무엇이든 좋습니다. 적어두고, 이번 주 안에 하나라도 AI로 시도해 보십시오. 오늘 할 일 중 가장 시간이 오래 걸리는 작업 하나를 골라 업무용 AI에게 "이 과정을 어떻게 줄일 수 있을까?"라고 물어보세요.

3. **타 부서의 '언어' 귀동냥하기**

   점심시간이나 회의 시간에 타 부서 동료가 자주 쓰는 단어나 그들의 고민을 메모해 보세요. "왜 저 팀은 비용을 강조할까?", "왜 저 팀은 속도를 따질까?"를 생각해 보는 것만으로도 맥락 이해력이 자라납니다.

π형 인재는 타고나는 것이 아닙니다. 두 번째 기둥을 세우기로 결심한 날부터 시작됩니다. 오늘 그 첫 번째 벽돌을 놓으십시오.

6장

AI 시대, 누가 살아남는가
— ADAPT 전략

"저는 괜찮을 줄 알았거든요. 제 팀도, 제 경력도." 얼마 전 권고사직을 통보받은 대기업 책임 매니저의 말이다. 15년 경력, 안정적인 성과, 탄탄한 팀, 누가 봐도 조직의 핵심 인력이었지만 그는 갑자기 다른 길을 권유받았다. 채용 현장에서 이런 모습을 점점 더 자주 목격한다. 몇 년 전만 해도 시장의 러브콜을 받았던 이들이 불과 몇 년 사이에 조직에서 소외되는 광경 말이다.

지난 2~3년 동안 글로벌 기업들의 대규모 정리해고 소식이 끊이지 않았다. 마이크로소프트는 2024년과 2025년에 걸쳐 수만 명을 해고했고, 최근에도 추가 감원을 발표했다. 특히 40~50대 중간관리자층이 주요 타깃이었다. 국내도 마찬가지다. 통신업계와 게임업계 대기업들이 수천 명 규모의 구조조정을 단행했다. 이제 위기감은 직장인들 사이에 상수가 되었다. 많은 이가 이것을 단순한 경기 침체의 결과라고 생각하지만, 실제 기업의 인력 전략은 다른 곳을 향하고 있다. AI가 사람을 대체하는 것이 아니라, AI를 활용하지 못하는 사람이 대체되는 시대가 온 것이다.

엔비디아 CEO 젠슨 황의 "AI를 쓰는 사람이 AI를 쓰지 않는 사람을 대체할 것"이라는 말[8]은 이제 현실이다. 세계경제포럼WEF의 '2025 일자리 보고서'에 따르면, 고용주의 41%가 2030년까지 AI 자동화로 인한 인력 감축을 예상한다. 앤트로픽 CEO는 이미 AI가 코드의 90%를 작성하고 있다고 밝혔다.[9]

숫자가 주는 공포 뒤에는 '기준의 변화'가 숨어 있다. 최근 한 글로벌 IT 기업의 인사 담당 임원이 이야기했다. "솔직히 말하면 이번에 퇴사하게 된 이들은 능력이 없어서가 아니에요. 그들도 훌륭한 사람들이었죠. 다만 일하는 방식이 바뀌었는데 적응하지 못한 거예요." 그 말을 듣는 순간 채용 현장에서 들어왔던 말들이 떠올랐다. 기업의 리더들이 말하는 '도태되는 사람'의 특징은 명확하다.

첫째, 업무 속도가 너무 느리다. AI 기반 워크플로우를 적용한 동료들과 간극이 점점 벌어진다. 같은 보고서를 만드는데, 한 사람은 3시간 걸리고 다른 사람은 30분 걸린다. 6개월 후, 이 차이는 메울 수 없는 격차가 된다.

둘째, 문제 해결 방식이 낡았다. 직관과 경험만으로 일하는 방식은 더 이상 통하지 않는다. 한 제조업 임원이 이렇게 한탄했다. "20년 경

---

8) 젠슨 황, Milken Global Conference에서 (2025)

9) 다리오 아모데이, CFR 행사 및 10월 Dreamforce에서 (2025)

력이 있는 베테랑이 내 경험상 이렇게 하면 됩니다"라고 하는데, 데이터는 다른 결과를 보여준다. 하지만 그 직원은 데이터를 보려 하지 않고 직관만 고집한다.

셋째, 기술을 학습 대상으로만 본다. 공부는 하지만 업무에 적용하지 않는 이들이 가장 빨리 도태된다. 최근 한 기업에서 AI 교육을 실시했는데, 수업을 다 듣고도 실제 업무에는 전혀 적용하지 않는 이들이 있었다. 이들은 '배우는 건 많은데 달라지지 않는다'라는 평가를 받았다.

넷째, 방향성 없이 기술에만 집착한다. AI 시대에는 기술보다 방향을 잃는 것이 더 위험하다. 툴은 계속 바뀐다. 중요한 것은 '이 일의 본질이 무엇인가'를 파악하는 능력이다.

AI 시대에 살아남는 사람들의 공통점

그럼 살아남는 사람들의 특징은 무엇일까? 최근 만난 한 IT 기업 팀장의 이야기다. 그는 AI를 위협이 아닌 도구로 활용한 사람이었다. "팀원들에게 제미나이 활용법을 의무 교육했어요. 처음엔 반발도 있었죠. '또 공부하라고?' 하는 분위기였어요. 그런데 보고서 작성 시간이 30% 단축되니까 분위기가 바뀌더라고요. 대신 그 시간에 고객 미팅을 늘렸더니 매출이 20% 증가했어요." 이 팀장의 팀은 회사에서 가장 높은 성과를 내면서 구조조정 대상에서 제외되었다. 나는 이것이 우연이라고 생각되지 않는다.

채용 현장에서 수많은 사람의 커리어를 지켜본 결과, 발견한 패턴은 명확했다. 살아남는 사람은 '천재형'이 아니라 '적응형'이다. 빠르게 배우고, 꾸준히 실험하고, 스스로 업데이트하는 사람이다. 최근 한 외국계 기업의 부장을 만났다. 그는 40대 후반이었는데, 제미나이가 나오자마자 매일 30분씩 써보기 시작했다. "처음엔 뭔지도 잘 모르겠더라고요. 그래도 매일 뭐라도 물어봤어요. 회의록 요약부터 시작했죠."

6개월 후, 그는 팀에서 가장 빠르게 보고서를 만드는 사람이 되었다. "이제 제 가치는 보고서 작성 속도가 아니라, 무엇을 보고해야 할지 판단하는 능력이에요. AI가 초안을 만들면, 저는 전략적 방향을 잡습니다." 이런 사람들의 공통점을 분석하니, 다섯 가지로 정리되었다. 나는 이것을 'ADAPT 전략'이라 부른다.

ADAPT 전략 — AI 시대 생존을 위한 5단계

A : Apply immediately – 당장 적용한다

AI를 배우기 전에, 업무의 작은 부분부터 바로 적용하라. 엑셀 함수를 묻는 것부터 이메일 초안 작성 등 완벽하게 이해하려 하지 말고 오늘 당장 해봐야 한다.

얼마 전 AI를 잘 쓴다고 자부하는 한 마케팅 팀장을 만났다. 그에게 AI를 어떻게 쓰는지 물었다. 그는 "공부하지 마세요. 오늘 당장 회의록 하나라도 AI로 요약해 봐야 해요"라고 했다. 책으로 공부하면 한 달 걸리지만, 실제로 적용하면 일주일 만에 익숙해진다고 조언했다. 다만 AI 결과물을 그대로 쓰지 말고 반드시 검토하고 수정하는 습관을 들여야 한다. AI는 도구이지 대체자가 아니다.

학습 속도가 10배 빨라지는 비결은 '당장 적용'이다. 완벽하게 이해한 후 시작하려 하지 말고 작은 것 하나라도 오늘 당장 하라.

AI는 단일 작업을 대신하는 도구가 아니라 업무 구조를 바꿀 수 있는 도구다. 3개월 내에 본인 업무의 30% 이상을 AI 보조로 처리할 수 있도록 업무 프로세스를 재설계하라. 한 금융사의 팀장이 말했다. "처음엔 AI로 보고서 초안만 만들었어요. 그런데 어느 날 업무 전체를 다시 설계할 수 있겠다는 사실을 깨달았어요."

이처럼 업무 재설계는 특정 직군에 국한되지 않는다. 예를 들어, 마케팅 직무라면 경쟁사 분석, 인사이트 도출, 전략 수립 단계마다 AI와 분담 체계를 구축할 수 있다. 데이터 정리와 1차 리서치는 AI에게 맡기고, 자신은 판단과 결정, 전략 수립에 집중하는 식이다.

이 단계가 되면, 하루 중 '진짜 해야 할 일'에 시간을 사용할 수 있다. AI가 반복 작업을 하는 동안, 당신은 판단하고 결정하고 방향을 잡는다.

AI 시대에도 절대 대체되지 않는 능력이 있다. 신뢰, 평판, 설득력, 관계 관리, 리더십, 협업 능력. AI가 못하는 영역에 시간을 투자하자. 고객 미팅 횟수를 늘리고 사내 네트워킹에 더 적극적으로 나서라. 갈등 조정이나 팀 동기부여 같은 인간 고유의 영역이 경쟁력이다.

한 기업 대표가 이렇게 말했다. "우리 팀에 두 명의 시니어가 있는데, 한 명은 AI를 잘 쓰지만 팀원들이 안 따르고, 한 명은 AI를 덜 쓰는데 팀원들이 따라요. 누가 더 가치 있을까요? 당연히 후자예요." AI가 '기술의 기둥'을 담당한다면, 사람은 '관계의 기둥'을 담당한다. 두 기둥이 결합되는 사람이 가장 오래 살아남는다.

한 외국계 기업의 이사는 이렇게 말했다. "AI 시대일수록 사람 냄새가 더 중요해요. 회의에서 AI가 만든 자료를 가져와서 발표하는 건 누구나 해요. 하지만 그 자료를 어떻게 설득력 있게 전달하고, 팀원들을 어떻게 움직이게 하느냐. 이게 진짜 능력이에요." AI를 배우면서 사람 대하는 능력을 키워라. AI가 시간을 절약해 주면, 그 시간을 사람과의 관계에 투자하라. 둘 다 필요하다.

P : Practice continuously – 작게라도 지속적으로 실험한다

매주 30분씩 새로운 AI 도구를 테스트하라. 또한 AI 환각hallucination 오류를 걸러내는 팩트 체킹 습관을 길러야 한다. AI는 때로 그럴듯한 거짓말을 한다. 검증하는 습관이 필수다. 한 HR 담당자가 이렇게 말했다. "매주 월요일마다 AI로 할 일을 하나씩 정해요. 이번 주는 채용 공고 초안, 다음 주는 면접 질문 리스트, 그다음 주는 온보딩 매뉴얼. 작지만 계속 시도하니까 완전히 다른 사람이 됐어요." 이처럼 6개월만 지속해도 완전히 새로운 사람이 되어 있을 것이다. 주변 사람들이 "어떻게 그렇게 빨라졌어?"라고 물을 것이다.

T : Think strategically – 전략적으로 생각한다

AI 시대에는 기술보다 판단 기준이 핵심 역량이다. "이 일의 본질은 무엇인가?", "내가 해야 할 일과 AI가 할 일은 무엇인가?"를 끊임없이 질문해야 한다. 최근 한 컨설턴트가 이렇게 말했다. "AI가 분석은 해줘요. 그런데 '이 분석이 맞는지, 이게 정말 중요한 건지, 이걸 어떻게 활용할지'는 사람이 판단해야 해요. 그 판단력이 이제 가장 중요한 능력이에요." 얼마 전 면접에서 한 후보자는 이렇게 답했다. "데이터 수집은 AI에 맡깁니다. 하지만 15년 업계 경험으로 AI가 놓치는 시장 변화를 포착하는 게 제 강점입니다." 이 답변은 큰 호감을 샀다.

기술보다 판단 기준이 핵심 역량이다. 다시 말하지만 "이 일의 본질은 무엇인가?", "내가 해야 할 일과 AI가 할 일은 무엇인가?"를 끊임없이 질문하라. AI가 전술을 담당할 때 당신은 전략을 담당해야 한다. 데이터 수집은 AI에 맡기되, 업계 경험으로 변화의 맥락을 포착하는 것이 진정한 경쟁력이다. 기술의 시대일수록 전략의 가치는 더 높아진다

AI는 두려움이 아닌 ADAPT의 대상

AI 시대에 생존하는 사람은 복잡한 기술을 통달한 사람이 아니다. 배우고, 적용하고, 조금씩 자신을 업데이트하는 사람이다. 세계경제포럼은 AI가 8,500만 개의 일자리를 대체하겠지만, 동시에 9,700만 개의 새로운 일자리를 창출할 것이라는 희망적인 전망을 내놓았다.[10] 사라지

---

10) 세계경제포럼, Future of Jobs Report (2020.10)

는 일자리보다 생기는 일자리가 더 많다는 분석이다.

변화는 무섭지만 방향은 분명하다. 지금은 AI를 두려워하기보다 이에 ADAPT 할 시기다. '나중에 해야지'라는 생각은 아무것도 바꾸지 못한다. ADAPT 전략은 오늘, 지금 이 순간부터 시작된다.

오늘 할 수 있는 3가지

1. **이번 주에 AI로 시간을 절약할 수 있는 업무 하나 찾기**

   회의록 요약이든, 이메일 초안이든, 무엇이든 좋습니다. 오늘 당장 적용해 보세요.

2. **동료에게 'AI 꿀팁' 하나 공유하기**

   내가 써본 좋은 프롬프트나 AI 도구를 동료에게 가볍게 공유해 보세요. 내 기술을 나누는 행동은 AI 시대에 더 중요해질 '함께 일하고 싶은 사람'이라는 평판(인간적 능력)을 쌓는 가장 쉬운 방법입니다.

3. **AI의 거짓말 하나 잡아내기**

   AI에게 내가 아주 잘 아는 분야에 대해 질문하고, 그 답변 중 틀린 부분을 딱 하나만 찾아보세요. AI를 무조건 믿지 않고 '검증하고 통제하는 주도권'을 연습하는 아주 중요한 훈련입니다.

AI는 당신의 경쟁자가 아닙니다. 당신의 속도를 높여줄 도구입니다. ADAPT를 시작하는 순간, 당신은 이미 앞서가고 있습니다.

7장

AI 시대에도 변하지 않는 경쟁력
— 정직성

채용 현장에서 일하며 발견한 기업의 가장 단호한 기준은 의외로 단순했다. 바로 정직성이다. "이 사람을 믿고 일을 맡길 수 있는가?" 이 질문에 기꺼이 "예"라고 답할 수 있을 때, 비로소 기회가 오고 성장이 시작되며 기업이 함께 가고 싶어 한다. AI가 일의 방식을 송두리째 바꾸고 기업의 평가 방식이 진화해도, 정직성이라는 기준만큼은 절대 변하지 않는다.

정직성은 단순 도덕이 아니라 업무 능력이다

흔히 정직을 도덕적 덕목으로만 생각한다. 하지만 현장에서 지켜본 정직성은 명백한 '업무 능력'의 일부이자 평판의 기반이며 커리어 생존의 조건이다.

나는 2024년 9월, 제25회 세계지식포럼 현장에서 뉴욕대학교NYU 린다 밀즈Linda Mills 총장의 대담을 직접 들을 기회가 있었다. 당시 그가 강조한 메시지는 AI 시대를 살아가는 우리에게 큰 울림을 주었다. "AI 와 공존하는 시대에는 신뢰, 성찰, 창의성과 같은 인간 본연의 특성을 유지하는 것이 무엇보다 중요해질 것입니다."[11] 린다 밀즈 총장의 말처럼 정직성Integrity은 단순히 거짓말을 하지 않는 수준을 넘어선다. 약속을 지키는 것, 자신의 능력과 경험을 정확히 표현하는 것, 그리고 어려운 상황에서도 진실을 말하는 용기가 포함된다. 이는 AI가 쉽게 모방할 수 없는, 인간 고유의 가치이며 대체 불가능한 경쟁력이다.

AI 시대, 정직성이 더 중요한 이유

AI는 그럴듯한 거짓말을 한다. 즉 환각 오류다. 정보가 넘쳐날수록 무엇이 진짜인지 구분하기 어려워지기에 검증의 중요성은 오히려 더 커진다. 실제 사례를 보자. 얼마 전 미국 플로리다주 법원은 한 변호사에게 1년 정직 처분을 내렸다.[12] 민사 소송 서면을 제출하며 AI가 지어낸 존재하지도 않는 판례를 그대로 인용했기 때문이다.

내가 만난 한 기업인은 이렇게 말한다. "기술은 빌려 쓸 수 있지만, 그 결과에 책임을 지는 정직성은 빌려 쓸 수 없다." AI가 아무리 똑똑해져도 사람의 신뢰는 기술이 대신할 수 없다.

---

11)　린다 밀즈 총장 발언, 제25회 세계지식포럼WKF 'AI와 인류의 협력' 대담 중 (2024)

12)　법률신문 '美법원, 'AI 가짜 판례' 인용 변호사에 정직 1년' (2024)

스페인 IESE 경영대학원의 이치아르 데 로스Itziar de Ros 부총장 역시 인터뷰에서 'AI 시대 리더에게 가장 중요한 역량은 정직성'이라고 단언했다.[13] AI 모델은 완벽하지 않기에 오류가 있을 수 있고, 이를 관리하고 검증하며 진실성을 담아내는 주체는 결국 사람이다.

내가 채용 현장에서 느껴온 것이 학계에서도 동일하게 강조되고 있다는 사실이 인상적이었다. 그의 설명을 더 들어보자. "우리가 주지하듯 AI 모델은 완벽하지 않습니다. 점점 더 정교해지고는 있지만 여전히 오류와 편향이 있을 수 있고, 때로는 오해를 불러일으킬 수도 있습니다. 특정 업무를 아주 빠르게 처리하고 싶을 때, 그 과정에서 검증을 거치지 않거나 진실성을 담지 않으면 문제가 될 수밖에 없습니다. 미래 사회는 기계가 모든 것을 운영하는 세상이 될 것이라고 어떤 이들은 상상하지만 현실은 그렇지 않습니다. 여전히 사람이 존재하고, 이 사람들은 AI를 관리해야 합니다." 채용 현장에서 일하면서 내가 목격한 것도 바로 이것이다.

정직성은 작고 사소한 순간에서 드러난다

정직성은 큰 사건에서만 드러나는 것이 아니다. 오히려 대부분의 사건은 아주 작은 곳에서 시작된다. 내가 현장에서 직접 목격한 사례들이다.

---

13) 매일경제 '오류·편향 난무하는 AI시대, 비즈니스 리더 최고 덕목은 정직성' (2025.4.20)

최종 면접까지 합격한 후보자가 있었다. 최종 진행 과정에서 후보자에게 직전 3개월 급여명세서, 원천징수영수증, 건강보험자격득실확인서 등을 요청했고, 그제야 육아휴직 중이라는 사실이 밝혀졌다.

사실 육아휴직 중이라는 것 자체는 아무 문제가 아니며 채용 결격 사유가 아니다. 문제는 그 사실을 지원할 때나 채용 과정에서도 이야기하지 않았고, 면접 시 면접관의 "오늘 휴가 내서 오셨나요?"라는 질문에 "네"라고 답했다는 점이다. 기업 담당자는 결국 오퍼를 철회하며 이렇게 말했다. "휴직은 문제 아닙니다. 하지만 처음부터 신뢰를 깨고 시작하는 사람과 함께 갈 수는 없습니다."

사소하다고 생각되는 부정직한 행위가 단기적 이득이 될 수 있을지 모르나, 장기적으로는 개인의 신뢰도와 평판에 심각한 손상을 줄 수 있다.

사례 2. 경력 위조의 대가

의외로 후보자들이 경력을 위조하고 변조하는 경우를 심심치 않게 본다. 하지 않은 일을 했다거나, 한 일을 과장해서 표현하거나, 이직 횟수를 줄이기도 한다. A 회사 1년, B 회사 6개월 경력을 합쳐서 슬그머니 A 회사 1년 6개월로 적는 경우도 있다. 한 후보자는 이력서에 과장된 성과를 기재했다. 면접에서 기업은 그 내용을 구체적으로 파고들었고, 상세 설명이 일관되지 않아 경력 위조 정황이 드러났다. 기업은 즉시 프로세스를 중단했다.

인터뷰 내내 모든 실패 원인을 타인이나 환경 탓으로 돌리는 이들이 있다. 기업은 이들을 보며 생각한다. '작은 책임도 인정하지 않는 사람은 큰 책임도 지지 않을 것이다.' 사소한 순간의 태도가 커리어의 신뢰를 결정한다.

정직성은 평판의 뿌리

정직성은 평판의 뿌리다. 평판은 단순한 소문이 아니라 업계에 남겨진 실제 경험의 기록이다. 평판 조회를 진행할 때 기업이 가장 듣고 싶어 하는 정보는 두 가지다.

- "이 사람은 신뢰할 만한가?"
- "이 사람과 다시 일하고 싶은가?"

이 두 질문에 "예"라는 답을 듣는 사람은 기회를 얻지만 "아니요"라는 대답을 듣는 사람은 그 순간부터 커리어 자체가 흔들리기 시작한다. 최근 한 국내 기업의 인사 담당자는 이렇게 말했다. "요즘은 평판 조회를 더 꼼꼼히 해요. 이력서는 화려한데 평판이 안 좋으면 무조건 탈락입니다. 이력서는 3개월이면 잊히지만, 평판은 10년 갑니다." 글로벌 네트워크가 촘촘해진 지금, 정직함은 국경을 넘어 확인 가능한 자산이 된다.

정직성은 관계의 질을 결정한다

일은 혼자 하는 것이 아니다. 특히 리더가 될수록 '일의 결과'만큼이나 '사람의 신뢰'가 중요해진다. 정직한 사람과 일하면 예상치 못한 상황에서도 안심이 된다. 예측 가능하고, 거짓이 없고, 대응이 빠르다. 반대로 정직하지 않은 사람과 일하면 늘 확인해야 하고, 예상할 수 없고, 불안이 커진다.

내가 만난 기업 대표는 능력은 뛰어나지만 자꾸 말이 바뀌는 팀원과 결국 결별을 택했다고 했다. "그 사람 말을 못 믿으니 모든 걸 재확인해야 했고, 결국 조직 전체의 속도가 느려졌습니다." 정직하지 않은 한 명 때문에 조직 전체가 불안해진 것이다. 반대로 정직한 사람과 일하면 예측 가능성이 높아지고 신뢰 비용이 줄어든다. 그래서 조직은 능력이 조금 부족하더라도 정직한 사람에게 먼저 기회를 준다.

정직성은 '기술을 이기는 인간의 힘'이다

AI가 문서를 대신 작성하고 리서치를 대신 수행해도, 다음의 것들은 절대 대체할 수 없다.

- 신뢰
- 책임감
- 꾸준함

- 말과 행동의 일관성
- 타인에게 피해 주지 않는 태도
- 문제를 회피하지 않는 용기
- 잘못을 인정하고 수정하는 능력

이것이 바로 정직성의 기술이다. 그리고 이 기술은 AI 시대일수록 더 가치가 높아진다. 대기업 임원이 이렇게 말했다. "AI가 발전할수록 역설적으로 사람의 신뢰가 더 중요해져요. AI는 거짓말도 그럴듯하게 하거든요. 그래서 '이 사람이 진짜 믿을 만한가'를 더 꼼꼼히 봅니다."

정직성을 갖춘 사람의 모습

그렇다면 정직성을 갖춘 사람은 구체적으로 어떤 모습일까? 거창한 사항이 아니다. 채용 현장에서 일하며 관찰한 바를 정리하면 이렇다.

정직한 사람은 불리해도 사실대로 말하고, 모르는 것은 모른다고 말한다. 공을 가로채지 않고 실패를 타인의 문제로 돌리지 않는다. 작은 일에도 일관된 기준을 유지한다.

실제로 한 금융사 팀장 후보자는 면접에서 자신의 실패를 솔직히 고백했다. "지난 프로젝트는 제 판단 미스로 실패했습니다. 그래서 이번에는 이런 대안을 준비했습니다." 기업은 그의 실패가 아니라, 실패를 인정하고 수정할 줄 아는 그의 정직성을 높이 평가해 합격 통보를 했다. 나중에 들어보니, "실패를 인정하는 사람이 다음엔 성공한다"는 면접관 피드백이 있었다고 한다.

정직성은 커리어의 '내구성'을 만든다

커리어는 단거리 경주가 아니라 장기전이다. 속도는 순간적으로 낼 수 있지만, 신뢰는 축적되어야만 만들어진다. 정직성은 커리어의 속도보다 '내구성'을 강화하는 힘이다. 큰 기회는 속도전이 아니라 신뢰의 토대 위에 생긴다.

20년 넘게 일하며 깨달은 진리가 있다. 10년 전 정직하게 일했던 이들은 지금 대부분 중요한 자리에 올라와 있다. 반면 당시엔 수단과 방법을 가리지 않고 빨리 올라갔던 이들은 소리 소문 없이 사라졌다. 격변하는 시대, 품격 있는 커리어의 시작은 결국 정직성이다.

오늘 할 수 있는 3가지

1.   **나의 '정직성 사각지대' 체크하기**

     이력서나 보고서에서 살짝 부풀렸거나, 교묘하게 숨긴 사실이 있는지 스스로 자문해 보세요. "이 사실이 평판 조회에서 드러난다면?"이라고 가정해 보는 것만으로도 내 커리어의 약점을 보완할 수 있습니다.

2.   **모르는 것을 "모른다"고 말해보기**

     회의나 대화 중 잘 모르는 내용이 나왔을 때 아는 척 넘기지 말고, "그 부분은 잘 모르는데 설명해 주시겠어요?"라고 말해 보세요. 모르는 걸 인정하는 태도는 오히려 당신을 '정확하게 말하는 신뢰할 수 있는 사람'으로 만들어줍니다.

3.   업무 중 사실과 의견을 구분해 말하기

"제 생각엔…"과 "데이터에 따르면…"을 명확히 구분하십시오. 이 구분이 신뢰의 시작입니다.

정직성은 하루아침에 완성되지 않습니다. 하지만 오늘의 작은 선택이 쌓여서 10년 후 당신의 평판이 됩니다.

8장

매력의 기술(STYLE)
― 함께 일하고 싶은 사람

얼마 전, 한 IT 기업 대표와 점심을 먹다가 흥미로운 이야기를 들었다. "최근 신입 두 명을 뽑았는데 극과 극이에요. A는 실력이 정말 뛰어납니다. 코딩도 빠르고 문제 해결력도 좋죠. 그런데 철저히 혼자만 일하려고 해요. 반면 B는 조금 부족해 보였는데, 모르면 물어보고 동료들과 자연스럽게 어울리더군요. 3개월이 지난 지금요? B가 팀 전체에 훨씬 큰 도움이 되고 있습니다." 이 이야기를 들으면서 생각해 봤다. B가 A보다 환영받는 이유는 무엇일까? 이유는 명확했다. 모르는 것을 숨기지 않고 물어 사고를 방지했고, 동료들과 커피 한 잔 나누며 업무 흐름을 유연하게 만들었으며, 무엇보다 배우려는 겸손함이 있었다.

B 같은 사람들에게는 공통점이 있다. 그 공통점을 분석하다 보니 흥미로운 연구도 발견했다. 하버드비즈니스리뷰HBR의 관련 연구 결론

은 이렇다. "사람들은 '유능하지만 까다로운 동료'와 일하고 싶다고 말하지만, 실제 협업 상황에서는 '조금 부족해도 함께 있으면 편한 동료'를 선택한다."[14]

스탠퍼드대학교의 로버트 서튼 교수도 『또라이 제로 조직The No Asshole Rule』에서 비슷한 지적을 한다. 아무리 뛰어난 성과를 내는 사람이라도 주변을 힘들게 만들면 결국 조직 전체의 성과를 떨어뜨린다는 것이다.

내가 만난 수천 명의 후보자를 분석하며 발견한 공통점을 'STYLE'이라는 다섯 영문 키워드로 정리했다.

최근 만난 두 후보자의 차이는 극명했다. 첫 번째 후보자는 "제 의견은 A 안이었습니다. 이유는 비용 효율성이 30% 높고, 구현 기간도 2주 단축되기 때문입니다"라고 결론부터 말했고, 두 번째 후보자는 "그게… 아마 괜찮을 것 같기는 한데 잘 모르겠습니다…"라며 말끝을 흐렸다. 결론부터 말하고, 근거를 제시하고, 책임을 지는 사람. 이것이 STYLE의 첫 번째 S - Speak다. 말을 잘한다는 것은 많이 말한다는 뜻이 아니다. 명확하고, 침착하고, 일관되게 소통하는 것이다. 능력보다 먼저 평가받는 것은 바로 이 '이야기하는 방식'이다.

---

14) 토론토대학교 티지아나 카시아로, INSEAD 미겔 소우사 로보 교수의 논문 「Competent jerks, lovable fools, and the formation of social networks」(2005)

한 마케팅 팀장은 ChatGPT 활용법을 배워 팀 전체에 전파한 팀원을 입이 마르도록 칭찬했다. 그 팀원 덕분에 팀 전체의 보고서 작성 시간이 30%나 줄었기 때문이다. 이것이 STYLE의 두 번째 T - Train이다. 배움은 지식이 아니라 태도다. 새로운 도구를 먼저 시도하고 그 결실을 팀과 나누는 사람과 일하면 팀 전체의 역량이 올라간다. 특히 AI 시대에는 '배우는 사람'과 '업데이트하지 않는 사람'의 격차가 단 1년 만에 크게 벌어진다.

Y : Yield – 여유로운 사람이 만드는 선순환

평판 조회를 하다 보면 "그는 작은 문제에 과도하게 반응하지 않고, 피드백을 방어적으로 받아들이지 않아 팀 분위기가 항상 밝았다"는 평가를 듣는 이들이 있다. 반면 "실력은 좋지만 너무 예민해서 같이 일하기에 피곤했다"는 평을 받는 이들도 있다. STYLE의 세 번째는 Y - Yield, 긍정적이고 여유로운 태도다. 지나치게 예민한 이들은 동료들로부터 환영받지 못한다. 여유는 실력이 아니라 관점에서 나온다. 유연하게 상황을 받아들이는 이들 곁에는 사람이 모인다.

L : Lead – "제가 해보겠습니다"라고 말하는 사람

한 스타트업 회사에서 갑작스러운 시스템 오류가 발생했을 때, 누군가 책임 소재를 따지는 동안 "제가 원인을 찾아보겠습니다"라며 팔을 걷어붙인 주니어 개발자가 있었다. 결과적으로 빠른 해결책을 찾았고,

그는 몇 개월 후 팀장이 되었다. STYLE의 네 번째는 L - Lead, 주도성
과 책임감이다. 리더십은 직책이 아니라 태도의 문제다. 어떤 이는 팀
원이지만 리더보다 더 리더답다. 문제를 발견했을 때 먼저 움직이고
과정을 책임지는 주도적 태도는 그 사람을 대체 불가능한 존재로 만
든다.

E : Engage - 5년 전 도움이 오늘의 기회가 되다

"5년 전 한 선배가 그 친구에게 도움을 준 적이 있었는데, 그 선배가
이직 후에도 꾸준히 안부를 전했다는 이야기를 들은 적이 있습니다.
이번에 우리 팀 자리가 비었을 때 가장 먼저 그 친구가 떠올랐습니
다." STYLE의 마지막은 E - Engage, 네트워크와 관계의 힘이다. 네트
워크는 커리어의 숨은 성장 동력이다. 좋은 사람들과 연결된 사람은
조용히 기회를 얻는다. 단순한 인맥 쌓기가 아니라 관계의 질을 높이
는 능력이다. 감사 인사를 잊지 않고, 도움이 필요할 때 정확히 요청하
며, 언제든지 도울 준비가 된 사람, 평판은 관계에서 만들어지고 커리
어와 기회는 이런 관계의 망을 타고 흐른다.

매력은 성격이 아니라 습관

많은 사람이 말한다. "저는 원래 성격이 소극적이라서…", "저는 원래
말이 없어서…", "저는 네트워크가 약해서…" 하지만 10만 건의 커리
어를 관찰하면서 매력은 타고나는 성격이 아니라 반복되는 습관에서

만들어진다는 사실을 알았다.

나는 후보자의 특성을 잘 묘사하기 위해 100여 개의 '성장형 형용사' 리스트를 데스크 앞에 붙여놓고 활용한다. ChatGPT로 이들 형용사를 그룹화해 보니 긍정적 태도, 성실함, 배려심, 외모 및 매력, 리더십과 추진력, 사교성, 용기, 활기와 에너지, 침착함과 차분함, 기타 성향 등으로 구분되었다.

이 단어들은 단순한 형용사가 아니라 당신이 나아가야 할 '행동 지침'이다. 이 중 몇 개의 단어가 마음에 와닿는다면, 아마 그 단어가 당신이 가고 싶은 방향일 것이다.

나는 어떤 사람이 되고 싶은가 — 직장인을 위한 성장형 형용사 100

1. 성장·자기계발·진화	성장하는, 진화하는, 확장되는, 발전적인, 전진하는, 고도화된, 축적된, 누적되는, 단단해지는, 깊어지는, 성찰적인, 학습적인, 탐구적인, 개방적인, 유연한, 적응적인, 재정의된, 업데이트된, 연마된, 숙성된, 내공 있는, 진취적인, 자기 주도적인, 능동적인, 실험적인
2. 사고력·판단력·일의 방식	명확한, 본질적인, 전략적인, 구조적인, 논리적인, 합리적인, 통찰력 있는, 예리한, 객관적인, 현실적인, 입체적인, 분석적인, 체계적인, 치밀한, 선명한, 직관적인, 판단력 있는, 균형 잡힌, 분별력 있는, 총명한, 현명한, 깊이 있는, 정제된, 명징한, 설계된

3. 실행력·성과·신뢰	단단한, 안정적인, 확실한, 믿음직한, 탄탄한, 강한, 지속적인, 철저한, 일관된, 노련한, 프로다운, 유능한, 책임 있는, 완성도 있는, 견고한, 집중된, 효율적인, 민첩한, 능숙한, 숙련된, 지속 가능한, 견실한, 흔들림 없는, 성과 지향적인, 안정된
4. 관계·태도·영향력	신뢰가 가는, 존중받는, 정중한, 배려 깊은, 따뜻한, 편안한, 여유로운, 온화한, 조화로운, 단정한, 품위 있는, 묵직한, 중심 있는, 설득력 있는, 영향력 있는, 조율하는, 열린, 관대한, 신중한, 안정감을 주는, 호감가는, 사람 좋은, 믿음을 주는, 함께하고 싶은, 오래가는

이 100개의 형용사를 활용해서 세 가지 질문에 답해보자.

첫째, 지금의 나를 가장 잘 설명하는 형용사 3개는 무엇인가? 동료나 상사가 나를 어떻게 묘사할지 생각해 보자. 솔직하게 현재 상태를 점검하는 시간이다.

둘째, 3년 후, 사람들이 나를 이렇게 불러주면 좋겠다고 생각하는 형용사는 무엇인가? 이것이 당신의 커리어 방향이 될 것이다. 단순한 직급 상승이 아니라, 어떤 사람으로 성장하고 싶은지를 구체화하는 과정이다.

셋째, 이 중 하나라도 지키며 일한다면, 나의 커리어는 어떻게 달라질까? 형용사는 단순한 단어가 아니다. 그것은 행동의 방향이고, 태도의 기준이며, 관계의 질을 결정하는 나침반이다.

작은 습관이 만드는 큰 변화

매력은 하루아침에 만들어지지 않지만 작은 습관들이 모여 큰 변화를 만들 수 있다. 월 1회 '관계 점검 데이'를 만들어 이번 달에 새롭게 만난 사람, 연락한 사람, 도움을 준 사람을 기록하라. 분기 1회 동료나 상사에게 솔직한 '말하기 피드백'을 요청하라. 팀에서 '작은 리더십'을 실천하라. 누군가 시켜서가 아니라 스스로 문제를 해결하는 경험을 만들어라.

매력은 커리어를 돋보이게 만드는 기술이다. 커리어는 혼자 만들 수 없으며 함께 일하고 싶은 사람이 되면 기회는 자연스럽게 흘러 들어온다. AI 시대에서도 여전히 관계의 힘은 중요하다. AI가 사람의 업무를 돕는 시대에, 사람이 사람을 선택하는 기준은 결국 '매력'이다. 능력은 교육할 수 있지만, 함께 일하고 싶은 매력은 당신의 태도와 습관에서만 나온다.

오늘 할 수 있는 3가지

1. **오늘 하루 대화 중에 이야기의 결론을 먼저 말하는 연습하기**

   "제 의견은 A입니다. 이유는 B입니다"라는 형태로 명확하게 소통하십시오. STYLE의 S(Speak)를 오늘부터 실천하는 것입니다.

2. **형용사 100개 리스트에서 지금의 나를 설명하는 단어 3개와 되고 싶은 단어 3개 선택하기**

종이에 적어두고 3개월 후 다시 확인해 보십시오. 작은 의식이 큰 변화의 시작이 됩니다.

3. 최근 도움받은 사람에게 감사 메시지 보내기

작은 감사도 관계를 깊게 만들고, 당신의 매력을 키웁니다. STYLE의 E(Engage)를 실천하는 가장 간단한 방법입니다.

능력은 당신을 기회 앞에 세웁니다. 하지만 STYLE이 당신을 오래 일하게 만듭니다. 함께 일하고 싶은 사람, 그것이 AI도 대체할 수 없는 경쟁력입니다.

9장

네트워크는 전략이다
— 혼자 완주하는 사람은 없다

"혼자 완주했다고 생각했는데, 아니었다." 나는 건강을 위해 철인 3종 운동을 하고 있다. 인생 첫 대회를 완주하고 난 뒤 가장 먼저 들었던 생각이다. 경기 당일 수영하고, 자전거를 타고, 달리기를 한 것은 분명 나 자신이었지만 그 완주는 결코 혼자 만든 결과가 아니었다. 매일 새벽 곁에서 부족한 테크닉을 채워주며 훈련을 이끌어준 코치, 함께 연습하며 페이스를 맞춰준 동료들, 내가 지칠 때 목이 터져라 응원해 준 사람들, 그리고 앞선 대회 경험을 이야기하며 유용한 정보를 나눠준 선배들이 있었기에 가능했다.

나는 늘 혼자라고 믿었다. 일도, 커리어도, 성장도 스스로의 힘으로 한다고 생각했다. 하지만 철인 3종 경기를 준비하며 깨달았다. 나보다 먼저 길을 간 이들이 이끌어주고, 동료들이 기다려주고, 밀어주었기에 완주가 가능했다는 사실을 말이다. 커리어도 이와 같다. 겉으로는 각자의 자리에서 각각 고군분투하는 것처럼 보이지만, 실제로는 네트워크가 커리어를 움직이는 가장 강력한 동력이다.

커리어는 혼자 가는 길이 아니다

능력만으로는 커리어가 완성되지 않는다는 사실을 누구나 안다. 경력의 어느 지점에 도달하면 '결국 사람을 통해 기회를 얻고, 사람을 통해 배웠구나'라는 깨달음이 온다. 능력도 중요하지만 사람의 연결이 실제 커리어의 방향을 더 크게 바꾼다. 좋은 기회를 잡는 사람들에게는 공통점이 있다. 바로 탄탄한 네트워크다.

최근 한 대기업 임원이 들려준 이야기가 이를 뒷받침한다. "우리 회사에서 독보적인 성과를 내는 팀장이 있어요. 객관적인 실력이 남들보다 압도적인 건 아닌데, 업계 곳곳에 아는 사람이 있더군요. 덕분에 정보가 빠르고 협업이 원활합니다. 결국 그 네트워크가 실질적인 성과로 이어지는 거죠."

네트워크의 본질은 관계의 질

많은 이가 네트워크를 '인맥 쌓기'로 오해한다. 명함을 수집하고 링크드인 일 촌 수를 늘리는 데 급급하며 행사장에서 인사를 나눈다. 하지만 내가 지켜본 네트워크의 본질은 숫자가 아니라 '관계의 질'이다. 서로에게 의미 있는 연결, 서로의 성장에 기여하고, 필요할 때 신뢰를 바탕으로 연락할 수 있는 안정적인 구조가 갖춰져야 비로소 네트워크는 '기회'로 작동한다.

헤드헌터로서 수많은 후보자를 만날 때, 실력은 최고지만 아무도 추천하지 않는 이가 있는가 하면, 실력은 평범해도 여러 사람이 추천하는 이가 있다. 그 차이는 바로 네트워크에 있었다.

네트워킹의 4가지 유형

성장하는 사람들의 커리어를 곁에서 지켜보니, 능력도 중요하지만 그보다 먼저 어떤 네트워크를 가지고 있는가가 달랐다. 나는 이를 네 가지 구조로 정리했다. 이 네 가지 축이 균형을 이룰 때 커리어는 훨씬 단단해진다.

동반 성장 파트너

같은 분야에서 함께 성장하는 이들이다. 지금은 비슷한 위치에 있지만 서로의 성장을 자극한다. 이들 덕분에 '꾸준함'이 유지된다. 같은 회사 동기, 비슷한 경력의 다른 회사 직원, 스터디 모임 멤버들이 여기에 해당한다. 정기적으로 만나 서로의 근황을 나누고, 고민을 상담하고, 정보를 교환하는 관계다.

코칭 네트워크

자신보다 경험이 많고, 더 넓은 시야를 가진 이들이다. 직장인이라면 이런 이를 최소 2명은 갖고 있는 게 좋다. 전 직장 상사, 업계 선배, 멘토 역할을 해주는 이들이 여기에 속한다. 중요한 결정을 할 때 조언을 구하고, 커리어 방향을 점검받는 관계다.

응원 시스템

회사 밖에서 나를 믿어주는 이들이다. 가족, 친구, 오랜 동료, 동아리, 공동체가 여기에 해당한다. 이들은 감정적 동력과 정서적 안정을 제공해 준다. 커리어의 지구력은 이 응원 시스템에서 나온다. 일이 힘들 때, 좌절할 때, 고민이 많을 때 이들은 버팀목이 된다. 성과나 조건이 아니라 존재 자체를 인정해 주는 관계다.

상호부조 네트워크

내가 도움을 주기도 하고, 상대가 도움을 주기도 하는 관계다. 이 단계는 '실력 기반 신뢰'로 이루어졌으며, 서로의 전문성을 인정하고, 필요할 때 자연스럽게 도움을 주고받는다. 현장에서 관찰해 보니, 이 유형이 탄탄한 사람은 이직을 수월하게 하고 기회를 발견하는 속도가 압도적으로 빠르다.

약한 연결의 놀라운 힘

사회학자 마크 그라노베터Mark Granovetter는 친한 친구(강한 연결)보다 가끔 안부를 묻는 지인(약한 연결)이 더 많은 기회를 가져다준다는 사실을 밝혀냈다. 왜 그럴까? 강한 연결은 나와 비슷한 세계를 공유하지만, 약한 연결은 나와 다른 세계를 연결해 주기 때문이다. 그래서 많은 커리어의 '새로운 길'은 약한 연결에서 열린다.

예전 직장 동료, 프로젝트에서 만난 사람, 세미나에서 가볍게 인사한 사람, 링크드인으로 연결된 전문가. 이런 사람들의 존재가 '뜻밖의 기회'를 제공한다. 실제로 내가 경험한 일이다. 5년 전 한 세미나에서 명함을 교환한 이가 있었다. 그 후 가끔 링크드인으로 안부 인사만 주고받았는데, 작년에 새로운 회사로 이직하면서 나에게 필요한 인재를 추천해 달라는 연락이 왔다. 그 약한 연결이 새로운 비즈니스 기회로 이어졌다.

자신만의 개인 이사회를 만들어라

나는 종종 직장인들에게 '개인 이사회'를 만들어 보라고 말한다. 기업에 이사회가 있듯, 직장인에게도 개인 이사회가 필요하다. 혼자 판단하기보다 다양한 시각을 참고하는 것이 좋다. 가능하다면 개인 이사회는 다음 5가지 역할을 담당하는 인물들로 구성하기를 추천한다.

- 전략가: 방향성을 도와주는 사람. 업계 동향을 잘 알고, 큰 그림을 그릴 수 있는 사람.
- 현실 점검자: 객관적인 피드백을 주는 사람. 내가 놓치는 부분을 지적하고, 솔직한 조언을 주는 사람.

- 성장 촉진자: 잠재력을 끌어올리며 새로운 도전을 제안하는 사람.

- 전문가: 전문 지식을 알려주는 사람. 특정 분야의 전문성을 갖고 필요할 때 깊이 있는 조언을 해 주는 사람.

- 응원자: 나를 믿어 주는 사람. 힘들 때 힘이 되고, 성취할 때 함께 기뻐해 줄 사람.

이사회 멤버는 5명 정도면 충분하다. 중요한 것은 정기적으로 소통하며, 서로 신뢰할 수 있는 관계여야 한다.

네트워크는 기회의 확률을 높인다

기회는 운이 아니라 확률이다. 그리고 네트워크는 그 확률을 높이는 구조다. 좋은 네트워크를 가진 이들을 관찰해 보면 운이 좋은 게 아니라 확률이 좋다. 실력이 비슷하다면 네트워크가 강한 사람이 더 많은 선택지를 갖는다.

네트워크는 사교성의 문제가 아니라 기술의 문제다. 작은 메시지 하나 보내는 것, 감사 인사를 잊지 않는 것, 상대를 인정하는 것, 정보를 공유하는 것, 도움을 요청하는 용기, 시간 날 때 안부를 묻는 습관. 이런 것들이 모여 강력한 네트워크 기술이 된다. 디지털 시대에도 신뢰는 결국 사람이 만든다. 링크드인이나 리멤버 같은 플랫폼을 활용하되, 온라인의 연결을 오프라인의 진정성으로 이어가는 노력이 필요하다.

네트워크 구축의 실용적 가이드

관계 지도 그리기

현재 내 네트워크를 점검해 보자. A4 용지에 나를 중심으로 원을 그리고, 주변에 있는 이들을 배치해 보자. 업무 관계, 개인적 관계, 약한 연결, 강한 연결로 구분해 보면 내 네트워크의 현재 상태가 보인다.

정기적인 소통 시스템

월 1회 '관계 점검 데이'를 만들어 보자. 이번 달에 새롭게 만난 사람, 연락한 사람, 도움을 준 사람 등을 기록하자. 그리고 다음 달에 연락할 사람을 미리 정해두자.

먼저 도움 주기

네트워크는 받기만 하는 관계가 아니다. 먼저 도움을 주고 정보를 공유하고, 소개하라. 주는 것이 먼저다.

디지털 시대의 네트워킹

디지털 시대에도 신뢰는 결국 사람이 만든다. 링크드인이나 리멤버 같은 플랫폼을 활용하되, 온라인의 연결을 오프라인의 진정성으로 이어가는 노력이 필요하다.

1. **1년 이상 동안 연락하지 못한 사람에게 짧은 안부 메시지 보내기**

   "안녕하세요. 잘 지내시는지 궁금해서 연락드려요"라는 간단한 메시지면 충분합니다. 멈춰 있던 네트워크가 다시 흐르기 시작할 것입니다.

2. **자신만의 '개인 이사회' 조직도 그리기**

   5개 역할(전략가, 현실 점검자, 성장 촉진자, 전문가, 응원자)을 적고 그 자리에 들어갈 지인들의 이름을 써보세요! 빈칸이 있다면 내가 앞으로 어떤 네트워크를 보완해야 할지 명확한 목표가 생깁니다.

3. **지인에게 '유익한 링크' 하나 보내기**

   그 사람이 평소 관심 있어 하던 분야의 뉴스레터나 아티클 링크를 짧은 메시지와 함께 보내 보세요. "이거 OO님께 도움될 것 같아서요"라는 한마디는 '상호부조 네트워크'를 구축하는 가장 세련된 방법입니다.

네트워크는 필요할 때 만드는 것이 아닙니다. 필요 없을 때 가꾸는 것입니다. 혼자 빨리 가는 것보다 함께 멀리 가는 사람이 커리어의 진짜 승자입니다.

10장

퍼스널 브랜딩
— 디지털 발자국이 커리어가 된다

"당신의 브랜드는 당신이 그 자리에 없을 때 다른 사람들이 하는 이야기다." 아마존 창립자 제프 베조스의 말이다. 기업뿐만 아니라 개인에게도 적용되는 날카로운 통찰이다. 최근 만난 한 스타트업 대표의 이야기가 떠오른다. 유명 외국계 기업을 거쳐 여러 스타트업을 성공 궤도에 올린 인물이다. 남부러울 것 없어 보이는 그였지만, 식사 자리에서 뜻밖의 고민을 털어놓았다.

"조직의 성공이 곧 나의 브랜드가 되지는 않더군요. 이제는 진짜 '나'만의 브랜드를 구축하고 싶습니다." 조직 내에서 성공이 개인 브랜드로 직결되지 않는다는 사실을 보여주는 사례다.

퍼스널 브랜딩이 필수가 된 시대

헤드헌터로 일하며 퇴직이나 이직을 원하는 임원들을 만나다 보면 퍼스널 브랜딩에 대한 뒤늦은 후회를 자주 듣는다. "회사 안에서만 알려졌지, 담장 밖을 나오니 아무도 나를 모르더군요." "링크드인 프로필이 너무 초라해서 꺼내 보이기 부끄럽습니다." 흥미로운 점은 연예인이나 아티스트가 아닌 일반 직장인, 심지어 사회 초년생들조차 퍼스널 브랜딩에 관심이 부쩍 늘었다는 사실이다.

조직 문화도 변하고 있다. 과거에는 "나서지 마라", "모난 돌이 정 맞는다"는 것이 상사들의 주된 충고였다면, 최근에는 인사담당자들조차 '스피크업Speak up'과 자기 PR을 강조한다. 조직 안에서부터 자신의 존재감을 드러내고 전문성을 인정받는 과정이 곧 퍼스널 브랜딩의 시작임을 기업과 개인 모두가 체감하고 있기 때문이다.

디지털 시대의 새로운 채용 트렌드

최근 채용 현장에서 목격하는 가장 흥미로운 변화는 기업이 이력서 검토 후 후보자의 이름을 온라인에서 검색해 보는 것이 일반적인 절차가 되었다는 점이다. 모든 직장인이 유명인이 되거나 온라인에서 검색될 필요는 없다. 하지만 검색했을 때 나타나는 긍정적 전문성의 흔적은 분명한 가점 요소가 된다.

한 대기업 팀장 후보자와 만났던 일이다. 이력서는 훌륭했지만 온라인상에서는 링크드인 프로필 외에 전문성을 확인할 길이 없었다. 반면, 다른 후보자는 이력서는 평범했으나 꾸준히 업계 인사이트를 공유해 온 블로그와 온라인 활동이 눈에 띄었다. 역량이 비슷하다면 디지털 발자국이 선명한 후보자가 더 강렬한 인상을 남기기 마련이다. 이것이 퍼스널 브랜딩의 실질적 힘이다.

'평판을 쌓는 데는 20년이 걸리지만 무너지는 데는 5분이면 충분하다.' 워런 버핏의 유명한 말이다. 인터넷은 모든 것을 보고 기억하며 절대 잊지 않는다. 온라인 평판 관리가 까다로운 이유다. 디지털 시대의 평판은 거울과 같아서 늘 보살펴야 하지만 한순간에 깨질 수 있다. 최근 한 임원이 SNS에 올린 부적절한 댓글 하나로 그의 경력이 위태로워지는 것을 보았다. 반면, 꾸준히 전문 분야의 인사이트를 공유해 온 이는 헤드헌터들이 가장 먼저 찾는 '단골 후보자'가 되어 있었다.

퍼스널 브랜딩의 핵심 요소

수많은 성공 사례를 관찰한 결과, 퍼스널 브랜딩은 크게 두 가지 요소로 압축된다. 첫째, 본인의 가치를 나타내는 '아이덴티티'의 정의다. '턴어라운드 전문가', '숫자에 강한 재무 전문가' '숫자(P&L)도 생각할 수 있는 마케터' '물류시스템 전문가'처럼 한 줄로 자신을 설명할 수 있는 명확한 정체성이 필요하다.

둘째는 네트워크를 통한 '지속성', 즉 '가치를 증명하는 과정'이다. 아무리 훌륭한 약속도 증명되지 않으면 공염불이다. 커리어 SNS 같은 플랫폼을 활용해 자신만의 콘텐츠를 꾸준히 기록하고, 업계 전문가 및 팔로워들과 소통하며 연결을 유지해야 한다. 이 '지속성'이 쌓일 때 비로소 타인은 당신의 아이덴티티를 신뢰하기 시작한다. 결국 퍼스널 브랜딩이란 명확한 정체성을 세우고, 이를 디지털 발자국으로 꾸준히 증명해 나가는 과정이다.

퍼스널 브랜딩 구축 전략

성공적인 퍼스널 브랜딩을 위한 표준 4단계 접근법을 제시한다.

1단계: 브랜드 아이덴티티 정의

먼저 자신이 어떤 전문가로 인식되고 싶은지 명확히 하라. '마케팅 전문가'보다는 'B2B 스타트업 브랜딩 전문가'처럼 구체적일수록 좋다.

2단계: 콘텐츠 전략 수립

자신의 아이덴티티와 일치하는 콘텐츠를 기획하라. 일정한 주기로 관련 인사이트, 경험담, 트렌드 분석 등을 공유하는 것이 중요하다. 핵심은 일관성이다.

3단계: 네트워크 구축

동종 업계 전문가들과 연결하라. 단순히 '좋은 글이네요'가 아니라 본인의 경험이나 다른 관점을 담은 의미 있는 댓글로 소통하라.

정기적으로 자신의 이름을 검색해 보라. 어떤 결과가 노출되는지 확인하고, 부정적인 내용이 있다면 긍정적인 콘텐츠로 보완한다.

커리어 SNS, 단순한 이력서 보관함을 넘어서

퍼스널 브랜딩 구축에 직장인이 가장 손쉽게 활용할 수 있는 도구로 링크드인과 리멤버 같은 커리어 SNS를 추천한다. 실제로 링크드인과 리멤버는 기업의 인사담당자들과 헤드헌터들이 인재 검색 과정에서 가장 많이 활용하고 있는 플랫폼이다.

이제까지 이들 커리어 SNS를 자신의 단순한 커리어 저장함 정도로만 활용하고 있었다면, 퍼스널 브랜딩을 유통하고 강화하는 도구로도 꼭 사용해 보길 제안한다. 2010년 이전부터 링크드인을 사용해 온 경험에 비춰볼 때, 최근의 변화는 놀랍다.

과거에는 프로필 정보가 있는 인재 DB로 활용되었다면, 이제는 사람들이 어떤 글을 쓰고 어떤 의견을 제시하는지 확인하는 용도로까지 사용된다. 꾸준히 인사이트를 올리는 이에게는 역으로 프로필 조회를 하게 되는 '브랜딩의 선순환'이 일어난다.

일례로 수년 전 여러 대기업 물류센터 아르바이트 경험을 바탕으로 센터별 운영 방식을 비교하고 분석해서 링크드인에 올린 취업 준비생이 있었다. 그는 이 콘텐츠 하나로 차별화된 이력서를 완성해 취업에 성공했다. 특별한 위치에 있지 않아도 자신의 관심사를 콘텐츠화한다면 누구나 브랜딩이 가능하다는 증거다.

위에 언급한 대표적인 커리어 SNS인 링크드인과 리멤버 간의 특징을 이해하고, 각각의 특징에 맞게 도구들을 활용한다면 더욱 효과적인 사용이 가능하다. 참고로 링크드인이 글로벌 시장을 겨냥한 '국제용 명함'이자 소통의 장이라면, 리멤버는 국내 비즈니스 환경에 최적화된 '실전용 인맥 플랫폼'이다. 링크드인에서는 네트워크와의 상호 교류에 집중하고, 리멤버에서는 자신의 경력을 '역할 설명서' 단위로 상세히 업데이트하며 시장 가치를 모니터링하는 전략이 효과적이다.

퍼스널 브랜딩을 구축했다면, 이제 이를 유통할 '채널'이 필요하다. 대한민국 직장인에게 가장 강력한 두 채널, 링크드인과 리멤버를 어떻게 활용해야 할지 실무적인 팁을 정리했다.

링크드인 활용 실무적 팁

링크드인의 최대 장점은 전 세계 전문가들과의 상호 교류다. 이곳에서는 단순한 정보 습득을 넘어 '소통'이 곧 브랜딩이 된다.

- 단순 공유보다 '관점'을 추가하라: 누군가의 좋은 글을 리트윗하거나 공유할 때 "인사이트가 좋네요"라는 말만 남기는 것은 큰 의미가 없다. "제가 진행한 A 프로젝트에서도 비슷한 고민이 있었는데, B라는 관점에서 접근하니 결과가 달라졌습니다"처럼 자신의 경험과 견해를 덧붙여라. 그래야 당신의 전문성이 드러난다.

- 양보다 질, 그리고 일관성이다: 매일 여러 주제의 글을 올리는 것은 오히려 피로감을 줄 수 있다. 자신의 아이덴티티와 일치하는 주제를 정하고, 한 달에 한두 번이라도 밀도 있는 창작 콘텐츠나 경험담을 공유하는 것이 훨씬 효과적이다.

- 배움의 자세로 먼저 손을 내밀어라: 온라인 소통이 일상화된 지금, 업계 전문가에게 먼저 일촌 신청을 하거나 메시지를 보내는 것을 두려워할 필요가 없다. 다만 단순한 인맥 쌓기가 아니라, 그 사람의 콘텐츠에 대한 구체적인 관심과 배움의 태도를 갖추는 것이 예의이자 전략이다.

리멤버 활용의 실무적 팁

리멤버는 명함 관리를 넘어, 현재 국내 기업 인사담당자와 헤드헌터들이 인재를 찾을 때 가장 먼저, 그리고 가장 많이 사용하는 필수 플랫폼으로 진화했다. 국내 비즈니스 환경에 최적화된 리멤버를 제대로 활용하는 법은 다음과 같다.

- '이력서'를 넘어 '역할 설명서'로 업데이트하라: 리멤버는 경력 현황을 구조적으로 파악하기에 매우 훌륭한 시스템을 갖추고 있다. 회사를 옮기지 않았더라도 큰 프로젝트를 마쳤거나 새로운 역할을 맡았다면 즉시 업데이트하라. 리멤버 프로필에 한 줄씩 쌓이는 기록은 단순한 이력이 아니라 당신의 실시간 '성장

타임라인'이 된다.

- '시장 가치'를 실시간으로 모니터링하라: 당장 이직 계획이 없더라도 리멤버의 채용 제안 기능을 켜두는 것은 필수다. 나에게 어떤 포지션이 제안되는지, 어떤 키워드로 헤드헌터들이 나를 찾는지 살펴보는 것만으로도 시장에서 내 몸값과 위치를 정확히 파악할 수 있다.
- 정체성의 오차를 수정하는 도구로 써라: 제안하는 포지션이 본인이 지향하는 정체성과 다르다면, 그것은 시장에 전달되는 나의 신호에 오류가 있다는 뜻이다. 리멤버는 이처럼 내 브랜딩의 방향성을 점검하고 네트워크를 미세하게 조정할 수 있는 가장 정교한 데이터 피드백 도구다.

디지털 네이티브 세대의 새로운 기회와 함정

Z세대와 밀레니얼 세대는 기성세대보다 브랜딩에 유리한 위치에 있다. 대학 시절부터 프로젝트 과정을 꾸준히 기록해 졸업 전 이미 '유망한 신입'으로 입소문 난 사례도 적지 않다.

다만 과도한 자기 홍보는 경계해야 한다. '나는 대단하다'는 직접적인 어필보다 구체적인 성과와 데이터로 말하라. 또한 정치적 성향이나 지극히 개인적인 취향을 전문 플랫폼에 과도하게 드러내는 것은 신뢰를 깎아 먹는 함정이 될 수 있다.

AI 시대의 퍼스널 브랜딩

AI가 정보를 대체하는 시대일수록 퍼스널 브랜딩은 더욱 중요해진다. AI는 지식과 정보를 줄 수 있지만, 인간적인 신뢰와 관계는 사람이 만들기 때문이다. 창의적 문제 해결, 복합적 판단, 리더십 등 'AI가 할 수 없는 영역'의 전문성을 중심으로 브랜딩 하는 것이 미래 커리어를 준비하는 길이다.

시작이 어렵다면… 작은 시작의 놀라운 효과

많은 이들이 시간이 없어서, 혹은 쓸 말이 없어서 브랜딩을 미룬다. 충분히 공감이 간다. 하지만 베스트셀러 저자이자 정신분석 전문의인 김혜남 작가의 말처럼, "아무것도 하지 않으면 아무 일도 일어나지 않지만, 결국 반드시 후회하게 된다." 1년 뒤의 후회를 남기지 않으려면 완벽한 전략을 세우고 시작하려 하지 말고, 일단 간단한 것이라도 지금 시작하자.

매월 팀 회의에서 얻은 아이디어를 짧게 정리해 올리는 것만으로도 6개월 뒤에는 예상치 못한 기회가 찾아올 수 있다. 제프 베조스는 2000년대 초반 한 인터뷰에서 "기업에게 브랜드가 중요한 만큼, 개인에게는 평판이 중요하다A brand for a company is like a reputation for a person"고 했다. 둘 다 하루아침에 만들어지지 않고, 꾸준한 노력으로만 쌓을 수 있다. 꾸준한 신뢰 쌓기라는 투자가 당신의 커리어에 단단한 방향등이 되어줄 것이다.

오늘 할 수 있는 3가지

1. **자신의 브랜드 아이덴티티 정의하기**

   본인 가치를 나타내는 정확한 정체성을 생각해 보세요. "나는 [어떤 문제]를 해결하는 [어떤 전문가]이다"라는 문장의 빈칸을 채워보세요. 거창하지 않아도 좋습니다. 나만의 정확한 정체성을 고민해 보는 것이 모든 브랜딩의 시작입니다.

2. **커리어 SNS(리멤버, 링크드인) 프로필에서 헤드라인 한 줄로 정리하기**

   지금 바로 리멤버나 링크드인 앱을 켜보세요. 현재 내 이름 아래 적힌 문구가 단순히 'XX회사 과장'이라면, 내가 시장에서 불리고 싶은 '핵심 전문 키워드'를 담은 한 줄로 수정해 보세요.

3. **닮고 싶은 커리어 롤모델 '한 명' 찾아 팔로우하기**

   커리어 SNS에서 내가 지향하는 아이덴티티를 이미 가진 사람을 한 명만 찾아보세요. 그 사람이 프로필을 어떻게 썼는지, 어떤 키워드를 사용하는지 살펴보는 것만으로도 내가 나아가야 할 방향에 대한 힌트를 얻을 수 있습니다. 눈팅에서 시작하는 것도 훌륭한 브랜딩의 첫걸음입니다.

퍼스널 브랜딩은 특별한 사람만의 것이 아니라, 시작하는 사람의 것입니다.

11장

차별화된 이력서 만들기
— 이(異)력서의 시대

헤드헌터로 일하며 가장 많이 보는 문서가 바로 이력서다. 기업의 눈에 단번에 들어오는 이력서들은 놀라울 정도로 비슷한 특징을 공유한다. 단순히 디자인이 예쁜 문서가 아니다. '다를 이異'가 살아있는 이력서다. 같은 경력을 나열해도 어떤 이력서는 생명력이 넘치고, 어떤 이력서는 숨이 멎어 있다.

기회는 이력서에서 시작된다. 하지만 대부분의 직장인은 이력서를 '이직할 때 급히 만드는 문서'로 치부한다. 그 결과 커리어에서 가장 중요한 서류가 '가장 늦게, 가장 서둘러' 만들어진다. 이 장의 목적은 그 흐름을 바꾸는 데 있다. 이력서는 단순한 과거 기록이 아니라 커리어 관리의 핵심 전략 도구다.

이력서는 문서가 아니라 전략

"경력이 많지 않다", "특별한 성과가 없다", "이력서를 잘 못 쓴다"고 말하는 이들이 많다. 하지만 10만 건의 이력서를 읽으며 내가 확신하게 된 사실이 있다.

차이를 만드는 것은 타고난 재능이 아니라 '정리하는 능력'이다. 이력서는 문장력이 아니라 사고력의 결과물이다. 기업이 이력서를 통해 확인하고 싶어 하는 것은 다음 세 가지로 압축된다.

- 무엇을 했는가? (경험)
- 어떻게 했는가? (역량)
- 무엇이 달라졌는가? (성과)

이 세 가지를 명확히 보여주는 이력서는 경력의 길이와 상관없이 주목받는다. 카페 아르바이트 3년을 한 신입 지원자 A와 B가 있다고 가정하자.

A는 단순히 '카페 아르바이트 3년'이라고 적었지만, B는 '카페 아르바이트 1년, 주문 대기 시간 30% 단축을 위한 동선 효율화, 신메뉴 출시로 매출 15% 기여'라고 적었다. 기업이 누구에게 먼저 전화를 걸지는 자명하다.

'다를 異'가 있는 이력서의 특징

차별화된 이력서는 다음 세 가지가 분명하다.

첫째, '업'이 보인다.

단순히 직무만 나열된 이력서를 의외로 많이 보는데, 이런 이력서는 무색무취하다. 반면 업業의 본질이 드러나는 이력서는 기업의 최우선 선호 대상이다. 하지만 단순히 '조직의 혼란을 구조화하는 역할'이라고만 쓰는 것은 공허한 외침에 불과하다. 진짜 차별화된 이력서는 자신의 정체성을 선언한 뒤, 곧바로 이를 뒷받침하는 팩트를 제시한다. 예를 들어, '조직의 혼란을 구조화하는 운영 전문가 — 인수합병 후 파편화된 3개 팀의 업무 프로세스를 통합하여 협업 효율 40% 개선'처럼 정체성 뒤에 구체적인 근거가 따라붙을 때, 기업은 비로소 '이 사람은 자기 객관화가 되어 있다', '이 사람은 자신의 역할을 잘 알고 있다'고 판단한다.

둘째, 문장이 짧고 결과가 선명하다.

복잡한 문장은 읽히지 않지만, 짧은 문장은 기억에 남는다. '고객 CS 체계 재정비로 VOC 27% 감소'처럼 명확한 숫자와 간결한 문장이 이력서의 뼈대가 되어야 한다. 명확한 숫자, 간결한 문장, 선명한 결과. 이 세 가지가 이력서의 기본 구조다.

이력서는 한 번 사면 평생 입는 옷이 아니다. 고등학생이 대학생이 되면 체형이 변하고, 그에 맞춰 옷 사이즈를 바꾸거나 수선해야 하듯 이력서도 자신의 성장 속도에 맞춰 끊임없이 변해야 한다. 많은 직장인이 새로운 경력이 생길 때마다 내용을 덧붙이기만 하는데, 이는 작아진 옷 위에 새 옷을 껴입는 것과 같다. 결국 이력서는 비대해지고 정체성은 불분명해진다.

여기서 업데이트란 단순히 새로운 경력 목록을 추가하는 것이 아니다. 새로운 프로젝트를 마칠 때마다, 새로운 스킬을 현업에 적용할 때마다 현재의 자기 역량에 맞는 내용을 '갈아 끼우는 것'을 의미한다. 계절이 바뀌면 옷장을 정리하듯, 더 이상 지금의 나를 설명하지 못하는 과거의 자잘한 이력은 과감히 덜어내고 가장 빛나는 성과 중심으로 이력서의 사이즈를 조정해야 한다. 자신의 경험과 역량이 달라졌다면, 이력서라는 옷도 반드시 그에 맞춰 달라져야 한다.

이력서는 가계부처럼 관리되어야 한다

가계부는 몰아서 쓰지 않는다. 매일 조금씩 기록하고 그렇게 기록이 모여서 의미 있는 데이터가 된다. 이력서도 마찬가지다. 이직이 닥쳐서야 기억을 더듬지 말고, 한 달에 한 번, 혹은 계절이 바뀌어 옷장 정리를 할 때처럼 분기에 한 번은 자신의 성과를 정리하고 기록해 두어야 한다.

내가 만난 후보자는 매달 마지막 주에 '이번 달 성과 한 줄'을 메모해 두는 습관이 있었다. 3년 뒤 이직할 때 그의 이력서는 그 어떤 이들의 것보다 탄탄했다. 반면 비슷한 경력을 가진 이는 "내가 그때 뭘 했더라?"라며 기억의 파편을 모으는 데만 며칠을 허비했다.

업데이트의 기술 – 전과 후의 비교

아래는 실제 현장에서 자주 보는 차이를 기반으로 만든 예시이다.

- 개선 전 (많은 사람이 쓰는 방식) : 고객 응대 업무 수행(내용 없음, 역할 없음, 영향 없음)
- 개선 후 (업데이트된 방식) : 월 1,200건 고객 문의 데이터 분석→반복 CS 18% 감소 (역할+방법+결과가 선명)

이 차이는 글쓰기 실력이 아니라 사고의 명료함에서 온다.

차별화된 이력서 구조

이력서를 잘 쓰기 위해 필요한 것은 '양식'이 아니라 '구조'다. 다음 세 가지 구조 속에 자신의 최신 성과를 그때그때 반영하라.

- 요약Summary(3줄): 나의 업業을 정의하는 한 문장과 이를 증명하

는 핵심 성과를 담아라. '데이터 기반 문제 해결을 통해 고객 CS 를 27% 줄인 운영 전문가입니다.'

- 경력Experience: 핵심 역할Role, 해결한 문제Problem, 달라진 결과 Impact 순으로 정리하라(R-P-I 구조).
- 역량Skills: 직무 역량뿐 아니라 도구·기술 역량, AI·디지털 역량, 인간적 역량(리더십·협업·의사소통 등) 등으로 구분해서 작성하되 현재 주력으로 사용하는 툴과 스킬 중심으로 수시로 다듬어라.

이력서 체크리스트 ─ 이력서 제출 전 점검 사항

- 주장 뒤에 그것을 뒷받침할 숫자나 근거가 있는가?
- 문장은 짧고 숫자는 분명한가?
- 단순한 업무 나열이 아닌 '업業'의 정체성이 드러나는가?
- 최근 1년 내에 새롭게 시도하여 얻은 변화가 반영되어 있는가?
- 과장되거나 내가 하지 않은 일을 쓰지는 않았는가?

이력서는 과거를 정리하는 문서가 아니라 미래를 설계하는 도구다. 새로운 성취가 있을 때마다 이력서라는 나침반을 즉시 업데이트하라. 그렇게 관리된 이력서는 이직할 때뿐만 아니라 승진 면담, 연봉 협상, 사내 프로젝트 지원 등 다양한 순간에 활용된다. 이력서가 '커리어의 나침반' 역할을 하게 되는 것이다.

1. **가장 최근에 끝낸 프로젝트 하나만 R(역할)-P(문제)-I(결과)로 써보기**

   이력서 전체를 고치려면 막막합니다. 딱 하나만 골라보세요. 내가 어떤 역할(Role)이었고, 어떤 문제(Problem)를 만나서, 어떤 결과(Impact)를 냈는지 숫자를 섞어 한 문장으로 정리해 보세요.

2. **이력서 제목(헤드라인)에서 추상적인 형용사 3개 지우기**

   '열정적인', '성실한', '최선을 다하는' 같은 모호한 단어를 삭제해 보세요. 대신 그 자리에 당신의 핵심 직무와 연차, 혹은 가장 대표적인 성과 수치를 넣는 것만으로도 이력서의 인상이 훨씬 날카롭고 전문적으로 바뀝니다.

3. **스마트폰에 '성과 저장소' 만들기**

   이직이 닥쳐서 기억해 내려면 늦습니다. 오늘 업무 중 작게라도 개선했거나 칭찬받은 일이 있다면 지금 바로 메모해 두세요. 이 한 줄이 훗날 이력서를 가장 빠르고 정확하게 업데이트할 귀한 재료가 됩니다.

이력서는 과거를 정리하는 문서가 아니라 미래를 설계하는 도구입니다. 차별화된 이력서로 차별화된 기회를 만들어가십시오.

12장

면접에서 승리하는 법
— POINT 전략

면접은 누구에게나 긴장되는 자리다. 하지만 수많은 면접 과정을 지켜본 결과, 면접은 결코 '운'이나 '말재주'로 결정되지 않는다. 철저한 '구조'와 '준비'가 승패를 가른다. 기업은 직감만으로 인재를 뽑지 않는다. 면접에는 분명한 패턴이 있으며, 승부는 대개 첫 15분 안에 결정되는 경우가 많다. 이 장에서는 면접의 이론이 아니라, 치열한 채용 현장에서 어떻게 살아남아 기회를 잡을 것인지에 대해 이야기한다.

면접의 본질은 '검증'이다. 성격 테스트나 기싸움이 아니다. 질문을 단순화하면 결국 두 가지다. "이 사람이 이 일을 실제로 해낼 수 있는가?" 그리고 이 경우 "우리 조직은 이 사람과 함께 일할 수 있는가?"라는 후속 질문까지에 대한 검증이다. 이 두 가지 질문에 명확한 근거를 가지고 답할 수 있다면 면접은 의외로 단순해진다.

최근 진행한 한 임원 면접에서 흥미로운 장면이 있었다. 두 후보자가 같은 질문을 받았는데, 한 명은 30분 동안 과거 경험을 장황하게 늘어놓았고, 다른 한 명은 5분 만에 핵심 수치와 해결 과정을 정리해 답변했다. 결과는 명백했다. 면접관들은 두 번째 후보자를 두고 '문제 해결 능력뿐 아니라 커뮤니케이션의 효율성이 압도적'이라고 평가했다. 면접에서 중요한 것은 말이 많은 것이 아니라, 정확하고 밀도 있게 전달하는 것이다.

성공 면접 전략: POINT 전략으로 면접 준비

오랜 시간 합격자들의 패턴을 분석하여 정리한 'POINT' 전략을 제안한다. 면접장에 들어가기 전 이 다섯 가지를 반드시 점검하라.

P : Preparation – 철저한 조사

회사에 대한 철저한 조사가 첫 번째이다. 회사가 현재 집중하는 과제와 당면 문제는 무엇인지, 최근의 회사나 업계 이슈는 무엇인지, 내가 지원하는 직무가 회사에 어떻게 기여할 수 있을지 미리 파악하라. 직무기술서JD에 담긴 직무 역량을 명확히 이해하는 것은 물론이고, IR 자료, 뉴스, 홈페이지는 물론, 가능하다면 링크드인이나 지인 네트워크를 통해 해당 회사의 문화와 중요시하는 가치를 파악하면 좋다. 예를 들어 회사의 인재상이 '혁신적'이라면, 이전 경험 중 혁신적 문제 해결 방식을 보여준 사례를 미리 준비하는 것이다.

O : Organize – 구조화된 스토리

면접은 자신의 경험과 역량을 이야기로 풀어내는 과정이다. 일반적으로 면접은 자기소개, 이력서 기반 질문, 행동·상황 질문, 기술 관련 질문, 면접관에게 할 질문 순으로 진행되는데, 이 중 특히 '행동 질문'에 대비한 구체적 사례 준비가 필요하다.

"강한 문제 해결 능력을 발휘했던 상황을 설명해 주세요" 또는 "팀원 간 갈등을 해결했던 경험이 있나요?"와 같은 질문에 답하기 위해서는 STAR 기법(상황Situation, 임무Task, 행동Action, 결과Result)[15]을 활용한 구체적 사례를 2~3개 준비해 두는 것이 좋다.

I : Impression – 첫인상

무엇보다 면접에 늦지 말아야 한다. 의외로 면접에 늦은 후보자들이 적지 않다. 최소 15분 전에는 도착해 생각을 정리하는 시간을 가져라. 또한 외형적인 준비도 중요하다. 첫인상은 30초 안에 형성되며, 이는 면접 전체 흐름에 지대한 영향을 끼친다. 단정한 복장과 바른 자세는 물론, 화상 면접이라면 조명과 배경까지도 당신의 전문성을 드러내는 요소임을 잊지 마라.

N : Neat – 간결한 답변

면접 후 후보자들이 '꼬리에 꼬리를 무는 질문이 계속됐다'는 후기를 전해줄 때가 있다. 회사 피드백을 들어보면 압박 질문의 경우도 있지

---

15)　리더십·HR 컨설팅 글로벌 기업 DDI가 개발한 행동 인터뷰 방법론 (1974)

만, 많은 경우 질문에 대한 정확한 답변이 나오지 않아 추가 질문이 이어진 것이다. 질문에 대한 핵심을 먼저 말하는 '두괄식' 답변이 필수다.

말이 길어지면 논점이 흐려지고, 면접관은 꼬리 질문을 할 수밖에 없다. 또한 자신의 이력서는 완벽히 숙지해야 한다. 면접 후 회사로부터 "본인이 한 일도 제대로 설명하지 못했어요"라는 피드백을 듣는 경우도 종종 있다. 1~2장짜리 이력서에 담긴 경력의 하이라이트이자 주요 성과를 설명하지 못한다는 것은 아쉬운 일이다.

T : Two-way – 양방향 소통

인터뷰는 암기 테스트가 아니라 대화다. 스크립트를 그대로 외우려 하기보다는 키워드와 핵심 문장을 머릿속에 담아두고, 질문에 맞게 자연스럽게 변형할 수 있어야 한다.

예상 질문이 아닌 다른 질문이 나왔을 때도 유연하게 대응할 수 있는 능력이 중요하다. 뛰어난 후보자일수록 면접을 '심사받는 자리'가 아닌 '전문가가 나누는 대화의 장소'로 만든다.

최근 한 빅테크 기업에서 근무하는 후보자와 티 미팅을 했다. 벌써 세 번째 직장이었는데, 실력도 뛰어나지만 '면접도 정말 잘 본다'는 평을 주변에서 받고 있기에, 비결을 물었다. 답변은 "연습! 또 연습!"이었다. POINT 레슨을 숙지하였다면 적어도 면접 하루 전에는 꼭 연습해 보기 바란다.

면접을 망치는 3가지 말

잘못된 경험보다 무서운 것은 잘못된 표현이다.

- "원래 그렇게 하던데요.": 주도성과 비판적 사고의 부재를 드러낸다.
- "예전에 팀장이 시켜서 했습니다.": 책임을 다른 사람에게 전가하는 모습으로 보인다.
- "전 직장이 저와 안 맞아서요.": 조직 적응력 부족으로 해석될 위험이 크다.

같은 경험도 어떻게 표현하느냐에 따라 평가의 온도는 180도 달라진다. 모든 답변은 '나의 배움과 기여' 중심으로 재구성되어야 한다.

면접은 관점 게임

기업이 원하는 '좋은 사람'은 말을 화려하게 하는 사람이 아니라, 자신의 일에 대해 분명한 관점과 생각을 하는 사람이다. 최근 한 IT 기업 면접에서 'AI 도입에 대한 생각'을 물었을 때, 한 지원자는 "AI가 미래의 핵심이라고 생각합니다"라고 추상적으로 답했다. 반면 다른 지원자는 "AI 도입의 핵심은 기술이 아니라 조직의 변화 관리라고 봅니다. 기존 업무 프로세스와 어떻게 연결할지가 성공의 열쇠라고 생각합니다"라고 답했다. 어떤 답변이 더 인상적인지는 명백하다.

실전에서 자주 실수하는 포인트들

현장에서 수많은 후보자를 지켜보며 안타까웠던 실수들을 정리했다. 면접장에 들어가기 전, 다음 네 가지를 반드시 점검하라.

첫째, 지원 동기를 막연하게 말하지 말라.

"이 회사에서 성장하고 싶어서"라는 말은 기업 입장에서 매력적이지 않다. 기업은 학교가 아니다. "이 회사의 ○○전략이 내가 그동안 고민해 온 ○○문제를 해결하는 방향과 일치하며, 나의 경험이 그 과정에 구체적으로 기여할 수 있다고 판단해서"처럼 기여와 성장의 접점을 명확히 말해야 한다.

둘째, 이전 회사 비판은 금물이다.

"전 직장이 나랑 안 맞아서", "사람들이 별로여서"라는 말은 본인의 조직 적응력 부족을 자인하는 꼴이다. 아무리 힘든 상황이었더라도 "이전 직장에서 충분한 성과를 냈고, 이제는 ○○분야에서 새로운 도전을 통해 가치를 증명하고 싶어서"라고 긍정적이고 미래지향적으로 표현하라.

셋째, 근거 없는 고액 연봉 요구를 피하라.

희망 연봉을 제시할 때는 반드시 합당한 근거가 있어야 한다. 단순히 "이 정도 받고 싶어서" 혹은 "남들이 이 정도 받아서"가 아니라, 현재 연봉을 기준으로 자신이 그동안 냈던 수치적 성과, 그리고 이 회사에서 만들어낼 기대 수익을 바탕으로 논리적으로 제안해야 한다. 근거 있는 숫자는 욕심이 아니라 자신감으로 비친다.

넷째, 회사 정보를 단순히 암기하지 마라.

홈페이지에 나온 숫자나 연혁을 줄줄 외우는 것은 초보적인 수준이다. 중요한 것은 정보 그 자체가 아니라 그 정보에 대한 당신의 '해석'이다.

면접 후에도 기회는 있다

면접이 끝난 뒤 보내는 '감사 메일'도 훌륭한 전략이다. 단순한 인사가 아니라 면접 중 나눈 대화에서 얻은 인사이트를 덧붙인다면, 당신은 면접관의 머릿속에 '확신'을 주는 마지막 정점을 찍게 될 것이다.

오늘 할 수 있는 3가지

1. **POINT 전략 중 P(Preparation)부터 시작하기**

   지원하려는 회사의 최근 뉴스 3개와 IR 자료를 찾아 읽어보기 바랍니다. 회사의 현재 과제와 방향성을 이해하는 것이 면접 준비의 첫걸음입니다.

2. **O(Organize)를 실천하기**

   본인의 주요 경험을 STAR 기법으로 3개 정도 정리해 보길 권합니다. "도전적인 문제를 해결한 경험", "팀과 협업한 경험", "실패에서 배운 경험"정도면 대부분의 질문에 대응할 수 있을 것입니다.

3. T(Two-way) 소통을 위한 질문 준비하기

"이 역할에서 첫 90일 동안 가장 중요한 목표는 무엇인가요?", "팀의 현재 가장

큰 과제는 무엇인가요?"처럼 일의 본질을 묻는 말들로 준비해 두면 도움이 될 것

입니다.

면접은 심판받는 자리가 아닙니다. POINT로 준비한 사람은 떨지 않습니다.

13장

3년 사이클 이직 전략
─ 커리어 도파민을 잃지 않는 법

직장인들의 이직 주기가 점점 짧아지고 있다. 1~2년 만에 회사를 옮기는 것이 더 이상 흠이 아닌 시대처럼 보이기도 한다. 하지만 헤드헌팅 현장에서 만나는 기업들의 시선은 조금 다르다. 1~2년 단위의 짧은 이직을 반복한 후보자를 볼 때, 면접관들은 돋보기를 들이댄다. "무엇을 성공시켰는가?", "왜 이렇게 빨리 옮겼는가?", 그리고 가장 본질적인 질문 "이 사람은 우리 조직에서 끈기 있게 성과를 낼 수 있는 사람인가?"를 떠올린다.

3년은 세 가지 단계가 자연스럽게 완성되는 최소한의 시간이다. 1년 차는 조직과 업무를 이해하는 시간, 2년 차는 본격적으로 실행하는 시간, 3년 차는 성과를 확장하는 시간이다.

이 세 단계가 하나의 완전한 사이클을 만든다. 이직을 반드시 해야 한다는 뜻은 아니다. 다만, 생각은 늘 깨어 있어야 한다.

3년은 세 가지 신뢰가 쌓이는 시간

1년 차: 조직의 문법을 익히는 '적응'의 시간

많은 이들이 1년 차에 조급함을 느낀다. '성과를 빨리 내야 한다'는 압박으로 오히려 조직의 문법을 놓치는 경우가 많다. 한 후보자가 이런 말을 했다. "회사에서 6개월 만에 큰 프로젝트를 맡아 열심히 했는데, 결과적으로 팀 전체와 갈등이 생겼어요. 업무의 리듬을 파악하지 못한 채 무작정 달렸던 게 문제였죠."

1년 차의 진짜 성과는 '신뢰'다. 조직의 생리를 이해하고 동료들의 지지를 얻지 못한 상태에서 내는 성과는 독불장군식 결과물로 비치기 쉽다. 이때의 적응력이 향후 2년의 성패를 결정한다.

2년 차: 실력을 숫자로 증명하는 '실행'의 시간

2년 차는 본격적으로 '내 것'을 보여줘야 한다. 이때 중요한 것은 '재현 가능한 성과 2개'다. 단 한 번의 성공은 운이나 환경 덕분일 수 있지만, 서로 다른 두 개의 프로젝트에서 성과를 냈다면 그것은 온전히 당신의 실력이다. 채용 담당자가 가장 매력적으로 느끼는 '성공 패턴'이 바로 여기서 형성된다.

3년 차: 성과를 시스템화하고 가치를 확인하는 '확장'의 시간

3년 차는 내가 만든 성과가 나 없이도 돌아가게끔 시스템화하고, 이를 후배들에게 전수하며 업무의 '깊이'를 완성하는 시기다.[16] 동시에 시장에 나를 내놓고 객관적인 가치를 확인해야 하는 때이기도 하다. 내 업業을 높게 평가하는 산업군이 어디인지, 내 연봉의 적정 수준은 어떻게 되는지를 탐색하며 냉정한 시장 감각을 익혀야 한다.

특히 이 과정에서 자신만의 '핫 버튼Hot Button(기업이 나를 채용하고 싶게 만드는 결정적 매력 포인트로, 개인의 독보적 역량·성과·기술 스팩 중 즉각적인 관심을 자극하는 요소)'을 반드시 찾아내야 한다. 독보적인 문제 해결 능력이든, 대체 불가능한 기술 스팩이든, 자신의 핫 버튼이 무엇인지 명확히 정의할 때 비로소 이직 시장에서 강력한 협상력을 쥐고 전략적 이동을 시작할 수 있다.

연봉 협상 또한 이 3년 사이클 안에서 결정된다. 가장 강력한 협상 카드는 '내가 원할 때'가 아니라 '내 가치가 시장에서 증명되었을 때' 쥐게 된다. 2년 차의 성과와 3년 차의 시장 조사가 만나는 지점이 바로 골든 타임이다.

이직은 도망이 아니라 '업'의 확장이다

채용 관계자의 입장에서 짧은 이직은 때로 '도망'으로 해석될 수 있다. 문제가 생겼을 때 해결하기보다 회피하는 성향으로 비칠 수 있기 때문이다. 하지만 3년의 사이클을 완주한 사람의 이직은 '성장을 위한 확장'으로 읽힌다. 한 곳에서 끈기 있게 성과를 낸 기록은 그 자체로

---

16)　McKinsey & Company 'Shaping individual development along the S-curve' (2019)

'이 사람은 어디에 내놓아도 제 몫을 다할 사람'이라는 강력한 보증 수표가 된다. 실제로 임원급이나 핵심 인재로 성장하는 이들의 이력서를 보면, 3년 혹은 그 이상의 굵직한 줄기가 반드시 존재한다. 그 줄기들이 모여 'π(파이)형 인재'로 가는 뿌리가 된다. 잦은 이직으로 파편화된 이력서로는 결코 도달할 수 없는 지점이다.

만다라트로 구체화하는 이직 준비

막연한 고민을 구체적인 전략으로 바꾸는 도구로 '만다라트Mandalart'[17]를 제안한다. 메이저리그의 오타니 쇼헤이가 고교 시절 사용해 유명해진 이 기법은 중앙의 핵심 목표를 달성하기 위해 8개의 영역과 64개의 실행 방안을 시각화한다.

오타니의 만다라트에서 주목할 점은 그가 성공의 요소를 실력(기술), 정신(멘털), 인간성, 그리고 운이라는 네 가지 축으로 해석했다는 것이다. 특히 '운' 영역은 경탄을 자아낸다. 그는 운이 저절로 오는 것이 아니라 '인사하기', '쓰레기 줍기' 같은 선한 행동을 통해 스스로 만드는 것이라고 믿었다. 메이저리그 진출 후에도 경기장에서 쓰레기를 줍는 그의 모습은 단순한 매너가 아니라, 고등학교 시절부터 설계해 온 그의 성공 전략이었던 셈이다.

---

17) 1987년 일본의 기획 전문가 이마이즈미 히로아키Imaizumi Hiroaki가 창안한 기법. '본질의 깨달음을 얻는 기술'이라는 의미로, Manda(본질), La(얻음), Art(기술)를 결합해 명명.

오타니의 만다라트 (고교 1학년 때 작성)

몸관리	영양제 먹기	FSQ 90kg	인스텝 개선	몸통 강화	축 흔들지 않기	각도 만들기	위에서 공 던지기	손목 강화
유연성	몸 만들기	RSQ 130kg	릴리스 포인트 안정	제구	불안정 없애기	힘 모으기	구위	하반신 주도
스테미너	가동력	식사 저녁 7숟갈	하체 강화	몸 열지 않기	멘탈 컨트롤	볼을 앞에서 릴리즈	회전수 늘리기	가동력
뚜렷한 목표/목적	일희일비 금지	머리 차고 심장 뜨겁게	몸 만들기	제구	구위	축 돌리기	하체 강화	체중 증가
핀치에 강하게	멘탈	분위기 휘쓸리지 않기	멘탈	8개 구단 드래프트 순위	스피드 160km/h	몸통 강화	스피드 160km/h	어깨 주변 강화
마음의 파도 안 만들기	승리에 대한 집념	동료 배려하는 마음	인간성	운	변화구	가동력	라이너 캐치볼	피칭 늘리기
감성	사랑받는 사람	계획성	인사하기	쓰레기 줍지	부실 청소	카운트볼 늘리기	포크볼 완성	슬라이더 구위
배려	인간성	감사	물건 소중하게 사용	운	심판을 대하는 태도	늦게 낙차 커브	변화구	좌타자 결정구
예의	신뢰받는 사람	지속력	긍정 마인드	응원받는 사람	독서	직구와 같은 폼 던지기	스트라이크 볼 제구력	거리 상상하기

이직 준비 만다라트

이직 역시 결심의 순간이 아니라, 이 64개의 칸을 채워가는 과정에서 완성된다. 중앙에 '다음 커리어 목표'를 두고, 주변에 성과, 전문성, 관계, AI 역량, 평판 관리 등을 배치하며 자신만의 만다라트(117쪽)를 완성해 보자. 중요한 것은 이 구체적인 행동 계획을 3개월 단위로 쪼개는 것이다. 그러면 이직 준비는 막연한 불안이 아니라 손에 잡히는 전략이 된다. 실제로 이 방법을 통해 1년 만에 원하는 기업으로 이직한 한 개발자는 이렇게 말했다. "무작정 이직 사이트만 뒤적일 때와는 차원이 달랐다. 내 커리어의 빈칸이 무엇인지 명확히 보이니 자신감이 생겼다."

만다라트 활용 팁 3가지

- 완벽에 집착하지 않는다: 처음부터 64칸을 다 채울 필요는 없다. 핵심 영역 3~4개만 먼저 시작해도 충분하다.
- 분기별로 업데이트하라: 목표와 시장 상황은 변한다. 3개월마다 계획을 수정하며 유연하게 대응한다.
- 가시적인 행동에 집중하라: '열심히 하기' 같은 추상적인 단어 대신 '월 2회 네트워킹 참여'처럼 측정 가능한 목표를 적어라.

이직은 도망이 아니라 이동이다

이직을 현재의 괴로움에서 벗어나기 위한 도망으로 여겨서는 안 된다. '업을 확장하는 이동'으로 접근하자. 성공적 이직자는 매번 명확한 목적이 있다. '첫 번째는 기초를 위해, 두 번째는 리더십을 위해, 세 번째는 사업적 감각을 위해.' 이직은 곧 더 나은 '나'를 찾아가는 여정이다. 다시 강조하지만, 이직을 반드시 해야 한다는 말이 아니다. 그러나

3년 사이클을 의식하며 계획적으로 커리어를 관리하는 사람과 아무 생각 없이 다니는 사람의 5년 후는 완전히 다르다. 이직을 준비하는 과정 자체가 자신을 객관화하고 현재의 일에 더 전략적으로 임하게 만들기 때문이다. 커리어는 우연이 아니라 설계된 계획의 산물이다.

오늘 할 수 있는 3가지

1. **나의 '근속 히스토리' 복기하기**

   지금까지 거쳐온 회사들의 근속 연수와 그 안에서 마무리 지은 대표 프로젝트 리스트를 만들어 보세요. 내 이력서가 단순히 흩어진 '파편'들인지, 아니면 성장의 과정을 담은 단단한 '줄기'인지 확인하는 첫걸음입니다.

2. **나만의 '핫 버튼' 후보군 3개 찾기**

   동료들이 나를 칭찬하거나, 나에게 도움을 요청하는 키워드 3개를 꼽아 보세요. 스스로는 당연하게 생각했더라도 타인이 인정하는 그 강점이, 나중에 이직 시장에서 당신의 몸값을 결정할 강력한 '핫 버튼'의 씨앗이 됩니다.

3. **만다라트에 8개 영역 중 3개만 작성하기**

   64칸을 다 채워야 한다는 부담은 내려놓고 핵심 영역 3가지만 정해 보세요.

커리어는 우연이 아니라 계획입니다. 3년 사이클로 생각하고 준비하는 것만으로도 여러분의 내일은 달라질 것입니다.

나의 만다라트

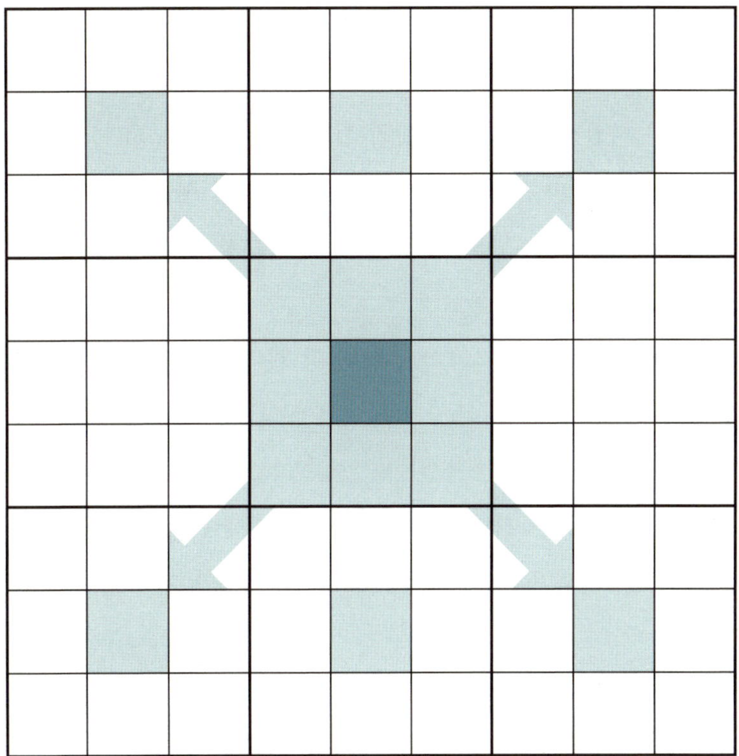

성장하는 직장인에게 보내는 마지막 메시지

Part 1에서는 '커리어의 주도권을 스스로 갖기 위한 기본기'를 다뤘다. 업業에 대한 본질적인 이해부터 방향 설정, 전문성 강화, AI 시대의 적응력, 그리고 신뢰와 브랜딩을 거쳐 실전적인 3년 사이클 전략까지. 이 13개 장의 이야기는 결국 하나의 메시지로 수렴된다.

"성장은 우연이 아니라 구조다."

성장 구조(시스템)란 환경이 바뀌어도 성과를 재현할 수 있는 나만의 일하는 방식을 뜻한다. 이 구조는 연차와 직급에 상관없이 모든 직장인에게 적용되는 '성장의 문법'이다. 이 문법을 익힌 사람은 어떤 조직, 어떤 환경에서도 자신의 가치를 스스로 증명해 낸다.

Part 1을 마무리하며 스스로에게 다음의 질문들을 던져보길 바란다.

- 나는 어떤 사람인가?
- 어떤 일을 반복적으로, 그리고 탁월하게 해내는가?
- 나의 성장은 어떤 구조 (시스템) 안에서 움직이고 있는가?
- 나는 누구와 연결되어 있으며, 어떤 디지털 발자국을 남기고 있는가?
- 무엇보다, 나의 3년 후는 어디를 향하고 있는가?

하지만 아무리 단단한 나를 만들어도, 그것만으로 커리어가 완성되지는 않는다. 개인의 성장은 개인만의 문제가 아니다. 조직의 기준, 기업의 고민, 채용의 방식, 평판 조회, 인재 전략, 공정성, 니즈의 변화… 이 모든 것이 직장인의 커리어에 직접적인 영향을 준다.

이 질문들에 정직하게 답하는 과정이 곧 스스로 기회를 만드는 첫 단계다. 하지만 커리어라는 생태계에는 개인의 노력만큼이나 중요한 또 다른 축이 존재한다. 바로 기업이다.

내가 기회를 찾는 만큼, 기업 역시 '적격 인재Right Person'를 찾기 위해 사활을 건다. 헤드헌터로서 20여 년 동안 수많은 선택과 탈락을 지켜보며 깨달은 점이 있다. 커리어의 절반은 내가 만드는 것이지만, 나머지 절반은 '시장이 나를 어떻게 정의하느냐'에 의해 결정된다는 사실이다.

| Part 2에서 다룰 이야기들 |

이제 시선을 바꿔보려 한다. 기업의 책상 너머에서는 어떤 이야기가 오가고 있을까? "나는 좋은 인재인가?"라는 질문에서 한 걸음 나아가 "기업은 어떤 사람을 '좋은 인재'라고 부르는가?"에 대해 답할 차례다. 기업의 시선을 이해할 때, 당신의 성장 전략은 비로소 완성될 것이다.

Part 2
[기업에게]

조직이 진짜 원하는 인재,
채용의 기술

<h1>적격 인재 채용</h1>

14장

― 조직이 진짜 원하는 인재

　　"좋은 인재 좀 찾아주세요." 헤드헌터로 일하며 기업으로부터 가장 많이 듣는 말이다. 하지만 이 한마디 뒤에는 항상 더 깊은 고민이 숨어 있다. "이제는 정말 확실한 사람만 뽑고 싶습니다." 스펙은 완벽한데 성과는 나오지 않는 사람들. 면접에서는 좋았는데 실제로는 조직과 맞지 않는 사람들. 이런 채용 미스매치Wrong Hire는 단순한 채용 실패가 아니다. 조직 전체의 에너지를 떨어뜨리고, 다른 구성원들의 사기를 꺾는다.

　　경영학의 구루 짐 콜린스Jim Collins는 그의 저서 『좋은 기업을 넘어 위대한 기업으로Good to Great』에서 위대한 기업의 공통점으로 '사람Who'을 꼽았다. 그는 버스를 어디로 몰고 갈지 결정하기 전에, 적합한 사람을 먼저 버스에 태우는 것이 핵심이라고 강조한다. 버스가 어디로 갈지 모르는 불확실한 시대일수록, 어떤 상황에서도 함께 길을 찾아낼 적합한 사람의 가치는 절대적이다.

하지만 수많은 채용 현장을 함께하며 깨달은 점이 있다. 대다수 기업이 '좋은 인재'는 갈망하면서도, 정작 우리 버스에 필요한 '적격 인재'가 누구인지에 대해서는 명확히 정의하지 못한다는 사실이다.

채용 미스매치의 진짜 비용

잘못된 채용 한 건이 조직에 미치는 영향은 생각보다 크다. 단순히 그 사람을 다시 뽑는 비용만의 문제가 아니다. 최근 한 중견 제조업체 임원이 털어놓은 이야기이다. "생산관리팀장을 잘못 뽑았다가 공장 전체가 6개월 동안 혼란스러웠어요. 그 사람은 경력은 화려했는데 현장 직원들과 소통이 전혀 안 되더라고요. 결국 베테랑 작업자 2명이 그만뒀고, 불량률도 올라가고⋯ 계산해 보니 연봉의 몇 배 손실이었어요."

채용 미스매치의 비용은 연봉의 2~3배에서 많게는 5배까지 발생한다고 알려졌다.[18] 하지만 더 심각한 건 조직의 신뢰와 에너지가 무너진다는 점이다. 한 명을 잘못 뽑으면 조직 전체가 흔들린다.

채용에서 하는 가장 흔한 4가지 실수

수많은 기업의 채용을 지원하면서 발견한 공통적인 실수들이 있다.

---

18) Economic Times 'A bad hire can cost 5 times his annual salary to a firm' (2015. 5.)

실수 1: 추상적 기준으로 뽑는다

'적극적이고 성실한 분', '커뮤니케이션 능력이 뛰어난 분' 직무기술서에는 이렇게 쓸 수밖에 없다. 하지만 문제는 회사 내부에서도 이게 정확히 무엇을 의미하는지 명확하지 않다는 점이다. 커뮤니케이션이 발표력인지, 경청 능력인지, 갈등 조정 능력인지. 적극적인 아이디어 제안인지, 문제 해결인지, 보고 능력인지, 이런 정의가 없으면 면접에서 제대로 확인할 수 없다.

실수 2: 너무 많은 것을 원한다

최근 한 중견기업의 7년 차 매니저급 채용을 위한 직무기술서를 보고 깜짝 놀랐다. 전문 장비 유통회사의 영업 매니저 채용이었는데, 요구 사항은 아래와 같았다.

- 국내 영업 전략 수립과 실행
- B2B, B2C, B2G 모든 채널 경험
- 건설/농업/임업 등 여러 산업군 전문성
- 신규 사업 기획까지
- 해외 파트너 커뮤니케이션과 비즈니스 영어까지
- 성실하고 진실한 분

한 사람이 이 모든 걸 다 잘할 수 있을까? 설령 있다고 해도 그런 인재를 그 회사만 원할까? 그런 인재는 다른 회사에서도 원하지 않을까? 회사는 자신들의 셀링 포인트가 무엇인지 먼저 생각해야 한다. 안정성인지, 성장성인지, 전문성인지, 복지인지. 그래야 회사가 원하는 인재에게 회사를 셀링 할 수 있고, 그에 맞는 사람을 채용할 수 있다.

"본인의 장점은 무엇인가요?", "지원동기는 무엇인가요?"와 같이 뻔한 질문으로는 실제 역량을 파악하기 어렵다. 과거의 구체적 행동과 결과를 깊이 파고들어 확인해야 미래 성과를 예측할 수 있다. 미래 계획은 검증과 평가가 불가능하며, 과거의 행동 사건 만이 검증과 평가가 가능하다.

"느낌이 좋네요", "우리 팀과 잘 맞을 것 같아요"와 같은 주관적 판단은 위험하다. 조직 적합성도 구체적인 질문으로 확인해야 한다. 이 역시 과거의 행동 사건을 확인함으로써 평가가 가능하다.

적격 인재를 찾는 4가지 기준

성공한 채용을 분석해 보니 공통적인 패턴이 있다. 적격 인재는 다음의 4가지를 모두 갖추고 있다.

- 문제 해결력: 문제를 구체적인 방법으로 해결한 경험이 있는가?

숫자로 설명할 수 있는 성과가 있는가?

- 학습 태도: 모르는 것을 인정하고 배우려는 자세가 있는가? 최근에도 새로운 것을 배우고 있는가?
- 소통 능력: 복잡한 상황을 단순하게 정리해서 설명할 수 있는가? 말에 논리가 있는가?
- 협업 자세: 다른 사람을 존중하는 방식으로 일하는가? 혼자가 아니라 함께 성과를 내려고 하는가?

면접에서 꼭 확인해야 할 3가지

면접 질문의 유형과 구체적인 질문 내용에 관련해서는 19장에서 다시 이야기하겠지만, 아래는 반드시 확인해야 하는 몇 가지 포인트다.

성과를 숫자로 말할 수 있는가?

좋은 답변: "고객 불만을 월 100건에서 70건으로 30% 줄였습니다."

나쁜 답변: "고객 만족도를 많이 높였습니다."

실패 경험을 솔직하게 인정하고 배운 점을 말하는가?

좋은 답변: "프로젝트가 2주 지연됐습니다. 초기 계획 부족이 원인이었고, 이후 리스크 관리를 더 철저히 하게 됐습니다."

나쁜 답변: "특별한 실패는 없었습니다."

좋은 답변: "최근 신제품 출시와 관련해 어떤 과제가 있는지 궁금합니다."

나쁜 답변: "회사에 대해 잘 모르겠어요."

이전 직장 평판 확인

적합 인재 채용을 위해서는 이력서와 면접뿐 아니라 반드시 이전 직장에서의 실제 모습을 확인하여야 한다. 최근 한 중소 IT서비스 회사 대표가 이런 말을 했다. "면접에서는 완벽한 사람이었지만, 막상 일해보니 문제가 많더라고요. 이제는 반드시 전 직장 상사나 동료에게 확인합니다. '다시 함께 일하고 싶은가요?'라고 물어보면 답이 나와요."

20장에서 구체적인 방법을 다루겠지만, 조직의 적합 인재를 찾기 위해서 평판 조회는 반드시 필요한 과정이다.

AI 시대의 새로운 기준

최근 기본 역량에 변화가 생겼다. AI 활용 능력, 데이터 기반 사고, 지속적 학습 능력이 필수가 되었다. 하지만 더 중요한 건 인간만이 할 수 있는 영역이다. 신뢰, 협업, 판단력, 리더십. 이런 것들은 AI가 대체할 수 없는 영역이고, 앞으로 더욱 중요해질 것이다.

현실적 채용 전략

완벽한 사람을 찾기에 매달리지 말아야 한다. 우리 조직에 꼭 필요한 3~4가지 핵심 역량을 갖춘 사람을 찾는 것이 중요하다. 나머지는 입사 후 교육으로 보완할 수 있다. 그리고 지원자 관점에서 우리 회사의 셀링 포인트를 명확히 하는 것도 중요하다. 왜 그 사람이 우리 회사를 선택해야 하는지, 그 이유가 분명해야 적격 인재도 우리를 선택할 것이다. 적격 인재 채용은 운이 아니다. 명확한 기준과 현실적인 기대, 그리고 체계적인 프로세스만 있으면 실패를 크게 줄일 수 있다.

관련된 체크리스트 3가지

1. **우리 조직의 적격 인재 정의 다시 써보기**

   "우리 조직의 적격 인재는 ______한 문제를 ______한 방식으로 해결할 수 있는 사람이다"를 완성해 보십시오.

2. **현재 채용 중인 포지션의 직무기술서 점검하기**

   추상적인 표현을 판단할 수 있는 구체적인 요구사항을 생각해 보십시오. "적극적인 사람" → "월평균 ○○건의 업무를 처리할 수 있는 사람"

3. **우리 회사의 셀링 포인트 명확히 하기**

   왜 그 사람이 우리 회사를 선택해야 하는지, 우리만의 장점을 정리해 보십시오.

15장

글로벌 기업이 말하는 성공 인재상

채용 담당자라면 이런 고민을 해본 적이 있을 것이다. '우리가 찾는 인재상이 명확한가?' '글로벌 기업들은 어떤 기준으로 사람을 뽑을까?' '좋은 이력서는 많은데 왜 면접에서 아쉬운 후보자들이 많을까?' 얼마 전 '글로벌 기업에서 성공하는 인재상' 관련한 공개 강연을 요청받고, 강연 자료 준비를 위해 사전에 글로벌 기업의 HR 임원 3분을 인터뷰할 기회가 있었다. 원래 의도는 산업 분야별 보이스를 듣는 것도 흥미로울 것 같아서 금융, 유통, 제조 분야의 각기 다른 산업의 HR 임원분들에게 인터뷰를 요청했는데, 흥미롭게도 '성공하는 인재'에 대한 기준이 놀라울 정도로 같았다.

헤드헌터로 일하며 수많은 기업과 이야기를 나눠본 결과, 나 역시 같은 결론에 도달했다. 산업이 달라도, 규모가 달라도, 국적이 달라도 성공하는 인재를 찾는 기업들의 기준은 비슷하다. 한 글로벌 제조기업의 HR 디렉터는 이렇게 말했다. "우리는 뛰어난 사람이 아니라, 함께 일하고 싶은 뛰어난 사람을 찾습니다." 이 한 문장이 글로벌 기업 채용의 핵심을 담고 있다.

그렇다면 우리 조직은 어떤 인재를 찾고 있을까? 글로벌 기업들이 공통으로 꼽는 다섯 가지 핵심 역량을 살펴보며, 우리의 채용 기준을 점검해 볼 필요가 있다.

주도적 오너십을 가진 후보자를 찾고 있는가?

글로벌 금융기업의 HR 임원은 이렇게 말했다. "우리는 주어진 일을 하는 사람보다 일을 찾아서 하는 사람을 더 높게 평가합니다." 주도적 오너십이란 시키면 하는 것이 아니라, 문제를 발견하며 행동하는 것이다. 최근 한 IT 기업에서 채용을 진행할 때의 일이다. 한 후보자가 이런 사례를 들려주었다. "팀의 업무 프로세스에서 비효율을 발견했을 때, 상사에게 보고하기 전에 해결 방안 3가지를 먼저 준비했습니다. 그리고 '제가 이 문제를 해결하고 싶습니다'라고 제안했어요."

예전에 한 분이 들려준 사례도 인상적이었다. 동종 업계의 A사와 B사, 두 회사 임원들 모두 본인들이 '적극적'이라고 생각했다고 한다. 그런데 고객사에서 이야기하기를 A사는 고객사가 전화하면 적극적으로 받고 대응하고, B사는 고객사가 연락하기 전에 적극적으로 먼저 연락하는 차이가 있다고 했다. 어느 쪽이 진짜 주도적일까?

주도적 오너십의 차이는 이것이다. A사는 '반응형 적극성', B사는 '선제적 주도성'인 셈이다. 문제를 스스로 정의하고, 책임을 회피하지 않으며, 자신의 영역을 '사업처럼' 운영하는 사람들, 상사의 가이드를 기다리기보다 직접 지도를 그리며 나아가는 후보자들이 바로 B사 스타일이다.

우리 조직은 이런 오너십을 평가할 수 있는 질문을 준비하고 있는가? "최근에 스스로 발견한 문제가 있다면?" "그 문제를 어떻게 해결했나요?" "그 성과는 무엇이었나요? 칭찬을 받으신 경험이 있었나요?" 같은 질문들 말이다.

커뮤니케이션 역량, 제대로 평가하고 있는가?

한 글로벌 제조기업의 HR 디렉터가 흥미로운 이야기를 했다. "기술이 뛰어난 사람보다, 기술과 사람을 연결하는 사람을 찾습니다. 특히 외국계와 국내 기업 간 이직하는 분들이 가장 어려워하는 부분 중 하나가 바로 커뮤니케이션이에요." 얼마 전 한 외국계 금융회사 면접을 진행하며 들은 이야기다. 면접관이 "프로젝트에서 의견 충돌이 있을 때 어떻게 해결했나요?"라고 물었을 때, 후보자는 이렇게 답했다. "각 팀의 입장을 정리해서 공통분모를 찾으려고 노력합니다. 모두가 이해할 수 있는 언어로 설명하는 게 중요하더라구요."

글로벌 기업들이 찾는 커뮤니케이션 능력은 명확하게 말하기, 상대방의 관점으로 설명하기, 이해관계를 조정하는 능력, 갈등을 성숙하게 해결하는 능력 등으로 구성된다. 특히 다국적 글로벌기업이 많은 형태를 취하고 있는 매트릭스형 조직에서는 이런 능력이 더욱 중요하다. 우리 회사는 면접에서 이런 능력을 충분히 확인하고 있는가? 협업 경험을 물어볼 때 "팀워크가 좋았다"는 단순 답변에 만족하고 있지는 않은가?

문제 해결 능력을 경력보다 중요하게 보는가?

글로벌 유통기업의 HR 헤드가 한 말이 인상적이었다. "경력이 얼마나 되었는지는 보지 않습니다. 이 사람이 '문제를 어떻게 풀어왔는가'를 봅니다. 10년 차라도 문제 해결 경험이 부족하면, 3년 차보다 못할 수 있어요." 최근 추천한 한 후보자는 면접에서 이런 이야기를 했다. "부서의 고객 만족도가 계속 떨어지고 있었어요. 데이터를 분석해 보니 응답 속도가 문제더라고요. 업무 프로세스를 3단계로 구조화했더니 고객 만족도가 30% 향상되었습니다."

이런 답변을 들으면 확신이 생긴다. 문제를 정확히 정의하고, 데이터를 기반으로 판단하며, 구조화된 사고로 솔루션을 만들어내는 능력이 보인다. 특히 AI 시대에서 문제를 풀지 못하는 인재는 빠르게 경쟁력을 잃는다. 우리 조직의 면접에서 '어떤 문제를 어떻게 해결해 보았는지' 구체적으로 확인하고 있는가?

가치 창출 역량, 어떻게 측정하고 있는가?

글로벌 금융기업의 HR 임원이 들려준 사례가 흥미롭다. "두 명의 애

널리스트가 있었어요. A는 매일 늦게까지 일했지만, B는 정시에 퇴근했어요. 하지만 B가 작성한 보고서 하나로 회사가 엄청난 손실을 피할 수 있었죠." 글로벌 기업들은 '바쁘게 일하는 사람'보다 '가치를 만드는 사람'을 원한다. 단순한 노력보다 결과, 성과를 숫자로 설명할 수 있는 능력, 효율 향상이나 비용 절감, 고객 경험 개선을 보여줄 수 있는 후보자들을 선호한다.

핵심 질문은 이것이다. "이 사람이 있어서 회사가 얼마나 더 좋아질까?" 우리는 면접에서 이런 가치 창출 경험을 충분히 확인하고 있는가? "성과가 어땠나요?"라는 질문에 구체적인 숫자나 개선 사항을 듣고 있는가?

학습 민첩성, 우리 조직의 필수 조건인가?

세 명의 HR 리더가 가장 많이 언급한 역량은 바로 '학습 민첩성Learning Agility'이다. 글로벌 금융기업의 HR 임원은 이렇게 말했다. "우리는 완벽한 사람보다 매년 업데이트되는 사람을 원합니다." 최근 만난 한 마케팅 매니저의 답변이 인상적이었다. "ChatGPT가 나왔을 때 팀에서 가장 먼저 배워서 업무에 적용했어요. 보고서 작성 시간이 50% 줄었고, 그 시간에 더 중요한 전략 기획에 집중하고 있습니다."

학습 민첩성이 높은 후보자의 특징은 명확하다. 새로운 기술을 두려워하지 않고, 변화에 빠르게 적응하며, 피드백을 방어하지 않고 받아들인다. 그리고 스스로를 지속적으로 업데이트한다. AI 시대에 이런 능력은 필수가 되었다. 우리 조직은 "최근에 새로 배운 것이 있나요?" "변화에 어떻게 적응했나요?"라는 질문을 면접에서 던지고 있는가?

왜 글로벌 기업들의 면접 과정은 복잡할까?

글로벌 기업들의 채용 과정은 일반적으로 복잡하고, 특히 여러 단계를 거치는 경우가 많다. 이유는 10-15분 정도면 '확실히 맞지 않는' 후보자는 파악할 수 있지만, 많은 후보자가 '애매한 영역'에 위치하기 때문이다. 한 글로벌 금융기업의 HR 임원은 이렇게 이야기했다. "첫 면접에서는 기본적인 소통 능력과 태도를 봅니다. 하지만 실제 업무 역량이나 조직 적합성은 여러 번의 면접과 다양한 상황을 통해서 확인할 수밖에 없어요."

글로벌 기업들은 대체로 여러 사람을 만나는 경우가 많다. 직속 상사가 될 사람, 팀원, HR 담당자, 때로는 임원까지. 각자가 다른 관점에서 후보자를 보기 때문에 한 사람의 판단만으로는 충분하지 않다는 걸 알고 있다.

면접에서 초기에 확인할 수 있는 것은 이렇다. 첫째, 말이 정돈되어 있는가. 둘째, 기본적인 예의와 태도는 어떤가. 셋째, 질문을 이해하고 답변하는 능력이 있는가.

물론 모든 기업이 여러 번의 면접을 거친 후 채용할 필요는 없다. 면접의 횟수와 방법은 기업마다 차이가 있다. 하지만 문제 해결 능력, 협업 스타일, 학습 민첩성 등은 좀 더 꼼꼼하게 확인해야 한다. 우리 조직은 이런 다면적 평가 시스템을 갖추고 있는가? 짧은 면접으로 모든 것을 판단하려고 하지는 않는가?

우리 조직의 인재상은 명확한가?

성공하는 인재는 스펙이 아니라 패턴을 가진 사람이다. 문제를 해결하는 패턴, 말을 정리하는 패턴, 성장하는 패턴, 관계를 맺는 패턴, 스스로를 업데이트하는 패턴. 글로벌 기업들은 이 패턴을 본다. 그리고 패턴이 좋은 사람은 어떤 조직에서도 빠르게 핵심 인재가 된다. 글로벌 기업의 HR 리더들이 공통으로 내린 결론은 명확했다. "업 중심, 문제 해결 중심, 성장 중심의 사람을 찾는다."

그렇다면 우리 조직은 어떤 인재를 찾고 있는가? 우리의 인재상이 면접관들에게 명확히 전달되고 있는가? 모든 면접관이 같은 기준으로 후보자를 평가하고 있는가? 좋은 인재를 놓치는 가장 큰 이유 중 하나는 명확하지 않은 평가 기준이다. "뭔가 부족해 보인다"는 애매한 피드백보다 "문제 해결 경험이 구체적이지 않다", "학습 민첩성이 부족해 보인다"는 명확한 기준이 필요하다.

관련된 체크리스트 3가지

1. **현재 우리 조직의 면접 질문을 점검하기**

    앞서 소개된 다섯 가지 역량(오너십, 커뮤니케이션, 문제해결, 가치 창출, 학습 민첩성)을 평가

할 수 있는 질문이 있나요? "최근에 스스로 발견한 문제는?", "그 문제를 어떻게 해결했나요?", "최근에 새로 배운 것은?" 같은 구체적인 질문들 말입니다.

2. **우리 조직에 절대 들여선 안 될 '역 패턴**Red Flag**' 정의하기**

우리 조직의 핵심 역량과 반대되는 행동 패턴이 무엇인지 명확히 해야 합니다. 예를 들어, 실력은 뛰어나지만 '내 업무 범위가 아니'라고 선을 긋는 태도(오너십 부족)나, '예전 방식이 맞다'며 변화를 거부하는 모습(학습 민첩성 부족) 등 우리 조직에서 절대 수용할 수 없는 '부정적 패턴'의 기준을 세우십시오. 뽑아야 할 사람만큼이나 '뽑지 말아야 할 사람'에 대한 합의가 이루어질 때 채용의 실패를 줄일 수 있습니다.

3. **기존 우수 직원 분석하기**

우리 조직에서 성과를 내고 있는 사람들의 공통점은 무엇인가요? 그들이 가진 패턴을 파악하고, 그와 비슷한 패턴을 가진 후보자를 찾아보십시오.

π형 인재를 찾는 조직들
— 인재상의 변화와 π형 인재의 확인 방법

최근 한 글로벌 제조업체의 HR 디렉터와 이야기를 나눌 기회가 있었는데 그의 이야기가 인상적이었다. "이제는 전문성만 있는 사람으로는 부족해요. 우리가 찾는 건 두 개의 깊은 전문성을 가진 사람들입니다." 헤드헌터로 일하며 느끼는 변화가 바로 이것이다. 빠르게 변하는 환경, AI 기반 업무 재편, 산업과 직무의 경계가 무너지는 흐름 속에서 조직이 원하는 인재상의 기준도 진화하고 있다. 그리고 많은 글로벌 기업과 대기업 HR 리더들이 입을 모아 말하는 것이 있다.

"우리는 이제 π(파이)형 인재를 찾습니다."

인재상의 변화

채용 현장에서 일하며, 기업이 원하는 인재의 기준이 어떻게 변하고 있는지 생생하게 목격하고 있다. 그 변화의 흐름을 단계별로 보면, 오늘날 우리가 나아가야 할 방향성이 보인다.

I형 인재: 전문가의 시대

2000년대 초반, 기업은 한 분야를 깊이 파고든 '전문가'를 선호했다. 회계는 회계, 법무는 법무, 엔지니어링은 엔지니어링, 명확한 경계 안에서 최고의 실력을 발휘하는 사람이 인정받았다. 당시 만난 한 회계 전문가는 15년간 한 회사에서 재무제표만 만들었다. 그는 재무제표의 신이었지만, 다른 팀과 협업은 어려워했다. "마케팅팀이 무슨 말을 하는지 모르겠어요. 저는 숫자만 봅니다"라고 말하던 그의 모습은 전형적인 I형 인재였다. 뛰어난 전문성만큼이나 소통의 한계도 명확했다.

T형 인재: 협업의 시대가 오다

2010년대에 들어서며 기업들은 "전문성도 중요하지만, 전체 그림을 보고 협업할 줄 아는 사람이 필요하다"고 말하기 시작했다. 이때부터 글로벌 디자인 기업 IDEO의 팀 브라운Tim Brown이 강조한 'T형 인재'라는 개념이 대중적으로 퍼졌다. 한 분야는 깊게 알되Vertical, 다른 분야도 넓게 이해하며Horizontal 소통하는 인재를 찾기 시작한 것이다. 당시 진행했던 한 IT 기획자 채용 프로젝트의 후보자가 기억에 남는다.

그는 기술 전문가였지만 비즈니스 언어를 알았고, 마케팅팀과도 막힘
없이 소통했다. "저는 기술만 아는 사람이 아니에요. 이 기술이 비즈
니스에 어떤 가치를 주는지까지 생각합니다"라고 말하던 그는 당시
기업들이 가장 높이 평가하던 T형 인재의 표본이었다.

F형 인재: 경계가 무너지다

2015년경부터 산업의 경계가 본격적으로 허물어지기 시작했다. 핀테
크, 헬스케어 테크, 에듀테크처럼 두 개 이상의 산업이 융합된 분야가
폭발적으로 늘어났다. 이때 등장한 개념이 바로 F(Fusion)형 인재다. 서
로 다른 분야를 자연스럽게 잇고 융합하여 새로운 가치를 만드는 사
람이다. 당시 만난 한 핀테크 회사 대표는 은행원 출신이었지만, 스스
로 IT를 배워 스타트업을 창업했다. 그는 "은행의 실무 경험과 IT 지식
을 하나로 합치니까 이전에 없던 새로운 서비스가 보였다"고 말했다.
F형 인재는 이렇게 경계를 넘나들며 혁신을 주도해 나갔다.

π형 인재: 지금 기업이 찾는 사람

그리고 지금, 채용 현장에서 많이 듣는 말은 이것이다. "F형도 좋은데,
좀 더 확실한 사람이 필요해요. 넘나드는 정도가 아니라, 두 개를 모두
깊게 아는 사람이요." 이것이 π(파이)형 인재다. 두 개 이상의 뚜렷한
전문적 기둥을 가진 사람. F형이 '넘나드는' 사람이라면, π형은 '두 개
를 모두 깊게 가진' 사람이다.

　가장 흔한 형태는 이렇다. 본업의 전문성 + AI·디지털 활용 능력. 마

케팅 전문가이면서 데이터 분석가. 영업 전문가이면서 AI CRM 활용 전문가. HR 전문가이면서 디지털 HR 시스템 설계자. 최근 한 제조업체 임원이 채용 상담을 하며 이렇게 말했다. "예전에는 생산관리 경험만 있으면 됐어요. 하지만 지금은 생산관리 경험에 데이터 분석 능력까지 있어야 해요. 공장에서 문제가 생기면 바로 데이터를 보고, 원인을 찾고, 해결책을 제시할 수 있는 사람. 그런 사람이 우리가 찾는 인재입니다." 이것이 최근 채용 시장의 현실이다. π형 인재의 시대가 온 것이다.

왜 기업은 π형 인재를 찾는가

기업이 π형 인재를 찾는 것은 일의 방식이 근본적으로 바뀌었기 때문이다.

첫째, 복잡한 문제의 증가

지금 기업의 문제는 '한 직무'로는 풀리지 않는다. 마케팅과 데이터, 영업과 전략, HR과 디지털, 재무와 리스크 분석이 한 테이블에서 동시에 논의된다. 최근 한 책임급 후보자의 평판 조회를 진행했는데, 전 상사가 그 후보자를 π형 인재라고 평가했다. 구체적인 사례를 물어보니, 신사업 프로젝트 회의에서의 예를 들어주었다. 그 자리에는 마케팅, IT, 재무, 법무, 제품 개발 팀이 모두 모였다. 문제는 '신제품을 어떻게 론칭할 것인가'였는데, 마케팅팀만으로는 결정할 수 없었다. 데이터 분석, IT 시스템 구축, 재무 시뮬레이션, 법적 검토가 동시에 필요했다.

이 회의에서 가장 큰 역할을 한 사람은 누구였을까? 마케팅도 알고 데이터 분석도 할 줄 아는 그 후보자였다고 한다. 그는 마케팅 언어로 이야기하다가, IT팀이 이해할 수 있는 기술 언어로 설명하고, 다시 재무팀을 위해 숫자로 보여주었다고 한다. 한 분야만 깊은 전문가는 이런 복잡한 문제를 주도할 수 없다. 두세 분야를 가로지르며 연결할 수 있는 사람이 필요하다.

AI가 가장 먼저 대체하는 것은 무엇일까? '한 가지 전문성만으로 반복적인 문제를 푸는 역할'이다. 데이터만 정리하는 애널리스트, 번역만 하는 번역가, 코드만 짜는 주니어 개발자. 이들의 일은 빠르게 AI로 대체되고 있다. 반대로, 도메인 지식과 데이터 리터러시, 판단력을 함께 가진 사람에게는 새로운 역할이 열린다. AI를 도구로 쓰는 것이 아니라, AI를 전제로 업무를 재설계하는 사람. 이들은 대체되지 않는다. 오히려 더 강력해진다.

최근 한 금융사의 리스크 관리팀 차장을 만났다. 그는 리스크 관리 전문가인데, AI 툴을 직접 업무에 적용하기 시작했다. "예전에는 데이터 팀에 분석을 요청하고 기다렸어요. 이제는 제가 직접 AI로 시나리오를 돌려보고, 빠르게 결론을 냅니다. 제 의사결정 속도가 매우 빨라졌어요." 그는 리스크 관리 전문가에서 π형 인재로 진화했다. 그리고 그 해 승진했다.

많은 기업이 이제 '조직도'보다 '프로젝트팀'을 우선한다. 프로젝트팀은 빠르게, 다양한 부서가 모여서, 단기간에 결과를 내야 한다. 이 환경에서는 본업만 잘하는 T형 인재보다 다양한 영역을 연결하고 소통하는 π형 인재가 압도적으로 유리하다. 요즘 채용 공고를 보면, '마케팅이면서 데이터 분석', 'HR이면서 디지털 HR', '재무이면서 리스크·데이터'를 요구하는 포지션이 부쩍 늘었다. 이름은 여전히 '마케팅 매니저'인데, 실제로는 두 개의 직무를 동시에 수행한다. 왜일까? 프로젝트 자체도 융합형이 되었기 때문이다. 마케팅은 데이터 위에서 작동하고, HR은 시스템 위에서 설계된다. 그리고 재무는 이제 AI가 계산한 확률 위에서 전략을 세운다.

한 IT 기업의 HR팀장이 이렇게 말했다. "지금 우리 팀에서 가장 가치 있는 사람은 HR 기획도 잘하고 디지털 툴도 잘 다루는 사람이에요. 그 사람이 없으면 우리 팀의 디지털 전환 프로젝트는 진행이 안 됩니다."

한 분야만 이해하면 회의에서 설명해야 할 것이 너무 많다는 의견을 종종 듣는다. "이게 왜 필요한지", "이게 기술적으로 가능한지", "이게 비용 효율적인지" 하나하나 다른 팀에게 물어보고, 답을 기다리고, 다시 회의를 잡아야 한다. 반면 두 분야를 동시에 이해하는 사람은 설명과 설득의 시간, 결정의 시간을 줄인다. 복잡한 조직일수록 이 '속도의 차이'가 누적되며 그 차이가 커진다.

얼마 전 한 스타트업 대표가 채용 의뢰를 하며 이렇게 말했다. "우리는 빠르게 움직여야 해요. 마케팅 결정을 하는 데 데이터 팀의 분석을 일주일씩 기다릴 여유가 없어요. 마케팅도 하고 데이터도 보는 사람, 그런 사람 한 명이 우리한테는 세 명의 가치예요." 속도는 생존이다. 그리고 π형 인재가 속도를 만든다.

AI 시대에는 '스킬'보다 '적응력'이 더 중요하다

한 외국계 기업의 임원이 흥미로운 이야기를 들려주었다. "이제 기업은 단순한 스킬을 보지 않아요. 스킬은 금방 낡아버리거든요. 대신 우리는 '적응 패턴'을 봅니다." 새로운 기술을 빠르게 시도했는가, 실패하고 배운 경험이 있는가, 일하는 방식을 스스로 바꿨는가? 이런 적응 패턴이 뚜렷한 사람이 바로 기업이 갈망하는 π형 인재로 평가받는다. 그렇다면 기업은 보이지 않는 이 적용의 흔적을 어떻게 찾아내야 할까?

π형 인재를 검증하는 세 가지 필터

기업은 더 이상 이력서의 화려한 스킬 나열이나 교육 이수 이력을 맹신하지 않는다. 기업은 다음의 방법을 통해 π형 인재를 확인할 수 있다.

이력서 검토: '두 기둥' 증거를 찾아라

서류 전형에서 찾는 것은 단순히 두 분야를 거쳤다는 기록이 아니다.

본업의 반복적 문제 해결 기록, AI·디지털 기반 개선 사례, 두 개의 분야가 연결된 프로젝트 그리고 결과를 데이터로 설명하는 습관이 배어 있는지가 핵심이다. 이력서 곳곳에 남겨진 두 기둥의 연결 흔적이 곧 π형 인재의 첫 번째 증거가 된다.

면접: '업무 재설계'의 경험

"업무를 개선한 경험을 말해주세요." "새로운 도구를 적용해 본 사례가 있나요?" "AI나 자동화가 당신의 업무를 어떻게 바꿀 수 있나요?" 만약 π형 인재라면 이런 질문에서 자신의 관점, 그리고 해결 방법과 그에 따른 결과를 명확하게 답변할 수 있다. 반면 비非 π형 인재는 "AI는 잘 모르는데요", "시켜주시면 배우겠습니다"와 같은 답변을 할 것이다.

평판 조회: '두 영역 기여도'

"이 사람이 새로운 기술을 얼마나 잘 받아들이나?" "기존 업무를 더 잘하게 만든 적이 있나?" "협업 능력은 어떤가?" 진정한 π형 인재라면 "빠르게 배우고 적용했다", "업무처리 방식을 바꿨다. 어떤 식으로 적용하고 어떤 변화를 불러왔다"라는 평가를 받게 된다.

기업의 결론: π형 인재는 조직의 미래

오랫동안 이 업계에서 일하며 확신하게 된 것이 있다. 기업의 진짜 고민은 기술이 아니라 사람이다. 기술은 빠르게 변하고, 시장은 불확실하며, 경쟁은 치열해지고, 고객의 기대는 높아진다. 이 환경에서 한 분야만 잘하는 인재는 곧 한계에 도달한다. 반대로 본업의 깊이가 있으면서 AI 기반으로 일하는 방식을 바꾸고, 조직과 시장을 연결할 수 있는 사람이 현재 기업이 바라는 π형 인재이다. 그리고 기업은 당분간 이 인재를 중심으로 조직을 재편할 것이다. 채용 현장에서 보고 있는 변화가 바로 이것이다.

관련된 체크리스트 3가지

1. **우리 조직의 채용 기준 점검하기**

   π형 인재를 평가할 수 있는 질문이 준비되어 있나요? "어떤 문제를 반복적으로 해결해 봤나요?" "새로운 기술이나 도구를 업무에 적용한 경험은?" "두 분야를 연결해서 성과를 낸 사례가 있나요?" 같은 구체적 질문들 말입니다.

2. **현재 우리 팀의 π형 인재 비율 파악하기**

   본업에 전문성이 있으면서 동시에 디지털 도구를 활용해 업무처리 방식을 개선하고 있는 사람이 몇 명이나 되는지 확인해 보십시오.

3. **π형 인재 육성 계획 수립하기**

   기존 직원들이 두 번째 기둥을 키울 수 있도록 AI·디지털 교육과 실습 기회를 제공하고, 성공 사례를 조직 내에서 공유하는 시스템을 만들어 보십시오.

17장

지원자는 많은데 뽑을 사람이 없는 이유
— 미스매치 구조

최근 한 중견기업 대표가 이런 하소연을 했다. "지원자는 많은데 정작 뽑고 싶은 사람이 없어요. 원하는 수준에 못 미치거든요." 반대로 구직자들은 말한다. "채용 공고는 많이 보이는데 막상 갈 만한 곳이 없어요." 헤드헌터로 일하며 이런 아이러니를 매일 목격한다. 실제 내가 몸담은 유니코써치의 2025년 1월부터 9월까지 기업들로부터 의뢰받은 채용 건수는 5,886건으로 전년 동일 기간 대비 29%나 증가했다. 하지만 채용 의뢰는 늘어나도 채용으로 이어지기까지의 과정은 쉽지가 않다. 많은 기업이 원하는 만큼의 인력을 채용하는 데 어려움을 겪고 있다.

이런 현상은 한국만의 문제가 아니다. 전 세계적으로도 공통된 것으로, OECD의 '고용 보고서Employment Outlook 2025'는 인구 고령화와 노동력 부족이 OECD 국가 전반의 고용 환경에 중대한 도전을 주고 있음을 지적한다.[19] 동시에 맨파워그룹ManpowerGroup의 '인재 부족 보고서Talent Shortage Survey 2024/2025'에 따르면, 전 세계 고용주 중 75%가 필요한 인재를 채우는 데 어려움을 겪고 있으며, 일부 국가(예: 독일 85%, 캐나다 80%)에서는 10곳 중 8곳 이상의 높은 비율로 인재를 못 구하고 있다. 이는 채용난이 특정 국가나 산업에 국한된 문제가 아니라, 전 세계 노동시장의 구조적 불균형이 드러난 결과다.

채용 실패는 단순한 공석이 아닌 '조직 리스크'다

한국 기업 환경에서 인력난은 단순한 불편함을 넘어선다. 특히 중소·중견기업에서는 핵심 포지션 한두 명의 공백은 사업 속도를 크게 늦춘다. 얼마 전 만난 한 스타트업 대표는 "지금 적합한 개발자를 못 구하면 이 프로젝트 자체를 접어야 한다"며 절박함을 토로했다. 대기업과 달리 인력 자체가 곧 실행력인 중소기업에서는 사람 한 명에 대한 의존도가 지나치게 크기 때문에, 채용 실패는 HR 문제를 넘어서 경영상의 중대한 리스크로 직결된다.

"연봉이 낮아서가 아니다"라는 말이 사실인 이유

헤드헌터로 일하며 자주 듣는 말이 있다. "시장 평균보다 연봉도 높고, 일도 나쁘지 않고, 회사도 성장 중인데 왜 채용이 안 될까요?" 앞

---

19) OECD, 「OECD Employment Outlook 2025: Facing the Skills Challenge」 (2025)

서 언급한 OECD 보고서는 흥미로운 분석을 내놓았다. 저생산성 기업은 임금과 근로조건 때문에 인력을 유치하지 못하지만, 고생산성 기업은 높은 임금을 제시해도 '필요한 스킬을 가진 인력' 자체를 찾지 못해 채용에 실패한다는 것이다.

한국의 인재 시장은 절대 기준이 아니라 비교 기준으로 작동한다. 대기업 혹은 글로벌 기업과 비교되는 순간 '나쁘지 않은 회사' 정도로는 인재들의 선택을 받지 못하는 경우가 많다. 우리 회사에서 필요하고 괜찮다고 생각한 인재는 경쟁사나 타사에서도 노린다. 결국 스킬을 갖춘 소수의 인재를 두고 벌어지는 '인재 쟁탈전'에서 밀려나는 것이 미스매치의 본질이다.

한국형 스킬 미스매치: 3중 구조의 함정

한국에서 스킬 미스매치는 3중 구조로 나타난다. 첫째, 대졸 인력은 많지만 현장에서 바로 쓸 수 있는 실무형 인력은 부족하다. 둘째, 기업은 경력직을 원하지만 경력직은 대기업으로 쏠린다. 셋째, 중소기업은 가르칠 여력도 기다릴 여유도 없다. 결국 "신입은 못 쓰고, 경력직은 없다"는 탄식 속에 중간관리자를 구하기 어려운 상황이 발생한다.

"할 수 있다"와 "해봤다"의 결정적 차이

면접 과정에서 가장 자주 목격되는 장면이다. 지원자는 "저는 다 할 수 있는 사람이에요. 성실하고 열정이 많습니다"라고 잠재력과 의지를 말하고, 기업은 "진짜 해보았나요? 어떻게 해결했고 결과는 어땠나요? 얼마나 어떻게 잘하세요?"라고 묻는다. 그러면 지원자는 "직접 해보지는 않았지만 할 수 있어요"라고 답한다. 기업은 구체적 경험과 검증된 결과를 원하는데, 지원자는 잠재력과 의지를 강조한다. 이 간극이 좁혀지지 않을 때 채용은 이루어지지 않는다.

AI 시대가 만든 새로운 간극

최근 채용 의뢰서에서 'AI 활용 가능한 기획자', '데이터 분석 가능 운영자' 같은 요구사항을 자주 본다. 과거에 없던 새로운 역량들이 '필수 조건'이 되고 있다. 얼마 전 면접에서 한 지원자가 "ChatGPT는 써봤는데 업무에 어떻게 적용해야 할지 모르겠다"고 말했다. 도구는 알지만 업무에 활용한 경험이 없다는 뜻이다. 기술의 변화 속도를 따라잡지 못한 사람과 기업의 요구 사이에 새로운 간극이 생겨나고 있다.

이론적 해법이 현실에서 막히는 이유

많은 전문가가 재교육, 직무 재설계, 내부 인재 육성을 해법으로 제시한다. 이론적으로는 맞는 말이다. 하지만 한국 기업들은 현실적 고민을 털어놓는다. "키워 놓으면 나간다", "교육할 인프라와 시간이 없다", "당장 사람이 필요한데 기다릴 수 없다" 등이다. 이 지점에서 한

국의 인력난은 단기 채용 문제와 장기 구조 문제가 동시에 얽힌 상태
가 된다. 당장의 급한 불과 미래를 위한 투자 사이에서 기업들이 딜레
마에 빠지는 것이다.

그럼에도 기업이 할 수 있는 것들

현실적 기대치 조정이 첫 번째다. 완벽한 모든 조건에 맞는 사람을 기
다리기보다는 70% 정도 만족한다면, 필수 조건만이라도 충족한다면,
기회를 주는 것을 고려해 보길 바란다. 우리 회사가 정말 어떤 사람을
원하는지를 알아야 한다.

10년 미만의 경력으로 'B2B, B2G, B2C 영업 경험자'가 이 포지션의
이상형이더라도 B2G 영업 역량이 가장 중요하다면, 'B2G 영업에서
공공기관 입찰 경험이 있고, 신규 B2C 채널 개척까지 해볼 의지가 있
는 사람'을 찾는 방법도 있다. 전자로 공고를 내면 지원자는 많지만 정
작 원하는 사람을 찾기 어렵고, 후자로 구체화하면 적합한 인재가 지
원할 확률이 훨씬 높아진다.

사람을 뽑는 방식 자체를 바꿔야 할 때

그동안 채용 현장에 있으며 확신하게 된 것은 지금의 인력난이 일시
적 현상이 아니라 구조적 변화의 신호라는 점이다. 완벽한 인재를 기
다리는 전략은 더 위험해졌다.

중요한 것은 사람을 뽑는 방식 자체를 바꾸는 것이다. 과거처럼 '필요할 때 뽑기'가 아니라 '지속적으로 좋은 사람들과 관계를 만들어가기'로 전환해야 한다. 채용은 이벤트가 아니라 프로세스가 되어야 한다.

1. **조직의 기대치 재조정하기**

   100% 완벽한 사람을 찾으려 하지 말고, 꼭 필요한 조건이 무엇인지를 먼저 파악해 보십시오. 채용 공고에서 '있으면 좋은 조건'을 다 걷어내고, '이것 없이는 업무 불가'인 핵심 조건 3가지는 무엇인지 생각해 보십시오.

2. **채용 인력에 대한 필요 사항 구체화하기**

   인력이 입사해서 실제로 해결해야 할 문제가 무엇인지 명확히 파악해 보십시오. 예로 'SNS 마케팅을 해본 사람'이 필요한가요 아니면 '캠페인 성과를 데이터로 분석해서 개선안을 제시해 본 경험이 있는 사람'이 필요한가요? 요구사항이 구체적이어야 더 적합한 인재를 뽑을 확률이 올라갑니다.

3. **채용을 일회성 이벤트가 아닌 지속적 관계로 전환하기**

   평소에 좋은 인재들과 네트워크를 만들고 관계를 유지해 보십시오. 업계에서 탐나는 인재 3명에게 가벼운 안부 인사나 네트워킹 제안을 건내 보십시오.

18장

공정한 채용의 과학
─ 채용절차법의 핵심

얼마 전 매우 당황스러운 일이 있었다. 한 중견기업의 법무팀 변호사 채용을 진행하던 중 후보자에게 전화가 왔다. "면접에서 결혼 계획을 물어봤어요." 처음에는 잘못 들었나 싶었다. 다른 포지션도 아니고 법무팀 변호사 채용 면접에서 그런 질문을 던지다니?

나중에 고객사에 확인해 보니 법무팀장이 육아휴직을 앞두고 있고 그 공백을 메우기 위한 채용이어서 또 다른 공백으로 이어질 가능성이 있는지 확인하고 싶었다고 한다. 그래서 결혼 계획을 물었다는 것이다. 아이러니하게도 법무팀 채용 면접에서 개인정보 보호법을 위반하는 질문을 한 것이다. 이런 기본적인 사항을 회사에서 모르고 있다는 사실에 당황했다. 이유는 분명히 있었지만 이런 질문 이야말로 전형적인 채용절차법 위반에 해당한다. 고객사에 즉시 연락해서 "이런 질문은 법 위반이며 내부 조치를 취하는 것이 좋겠다"고 권유했다. 다

행히 고객사도 심각성을 인지하고 관련 교육을 실시했다.

또 다른 사례도 있다. 한 물류회사의 CEO 후보 면접에서 면접관이 후보자에게 "저보다 나이가 많아 보이시네요?"라고 말했다. 외국계 기업에서 오래 근무한 후보자는 이 발언을 차별금지 원칙 위반으로 받아들이며 강하게 반발했다.

면접장에서 자주 등장하는 위험한 질문들이 있다. "형제자매는 무슨 일을 하세요?" "사투리를 쓰는 것 같은데 고향이 어디인가요?" "결혼은 했나요? 결혼 계획이 있나요?" 혹은 "사진보다 실물이 훨씬 좋네요" 등이다. 면접관들은 분위기를 좋게 만들려는 의도였을지 몰라도, 이는 채용절차법상 명백한 위반 소지가 있다.

그렇다면 어떻게 질문을 바꿔야 할까? 예를 들어, "부모님이 어떤 영향을 주셨나요?"라는 질문 대신 "이 직무에 관심을 두게 된 계기나 전환점이 있다면 말씀해 주세요"라고 물어보는 것이다. 혹은 "주변의 커리어 경로나 사례 중, 본인의 진로에 참고가 된 경험이 있다면 말씀해 주세요"라고 물어도 좋다.

후보자의 혼인 여부도 많이 궁금해하는 질문인데, "향후 2~3년 내 본인이 생각하는 직무와 생활의 밸런스 관련 이슈가 있다면 알려주세요" 혹은 "근무지 변경이나 일정 변동 등에 대한 유연성은 어느 정도까지 가능한가요?" 등 직무 관련 질문으로 대체하면 충분히 합법적이고도 인사이트 있는 대화가 가능하다.

한 기업 임원은 내게 이런 말을 했다. "면접관들이 '걱정돼서 물어보는 건데'라고 하는데, 법은 의도를 봐주지 않더라고요." 정말 그렇다.

아무리 선의라도 법은 명확하다. 지원자의 개인적 배경, 가족 상황, 경제적 여건 등은 업무 능력과 무관하므로 물어봐서는 안 된다.

채용절차법이 전부는 아니다

많은 기업이 채용절차법은 잘 알고 있지만, 남녀고용평등법과 국가인권위원회법은 상대적으로 간과하는 경우가 많다. 특히 주의할 점은 채용절차법 위반은 과태료 수준이지만, 남녀고용평등법 위반은 벌금형이라는 사실이다. 남녀고용평등법 제7조는 "사업주는 근로자를 모집하거나 채용할 때 남녀를 차별해서는 아니 된다"고 명시하고 있으며, 위반 시 500만 원 이하의 벌금에 처할 수 있다.

몇 년 전 한 제조업체에서 여성 지원자에게 "출산 후에도 계속 일할 건가요?"라고 물었다가 남녀고용평등법 위반으로 문제가 된 사례가 있었다. 단순히 궁금해서 물어본 질문이었지만 법적으로는 성차별에 해당되었던 것이다.

지원자도 권리가 있다는 것을 알게 된 순간

5년 전 한 지원자가 내게 물었다. "제가 제출한 서류는 언제까지 보관하나요? 불합격하면 폐기해 주나요?" 그전에는 받아보지 못한 질문이었다. 그 후 알아보니 채용절차법에서는 지원자의 권리를 명확히 보장하고 있었다. 제출한 서류가 어떻게 사용되는지 알 권리, 불합격 시 서류 폐기를 요구할 권리, 채용 과정이 어떻게 진행되는지 안내받을 권리 등이다. 최근 한 IT 기업에서 이런 문의를 했다. "지원자가 자기 서류를 폐기해 달라고 요청하는데, 어떻게 해야 하나요?" 당연히 즉시 폐기해야 한다고 말했다. 또 다른 기업에서는 "채용 과정 중에 평판 조회를 하려는데 어떻게 해야 하나요?"라고 물었다. 반드시 사전에 지원자에게 알리고 동의를 구해야 한다.

여기에 더해 최근 현장에서 가장 많이 발생하는 갈등 중 하나는 바로 '결과 통보의 실종'이다. 헤드헌팅을 진행하다 보면 후보자들로부터 "몇 달 전 직접 지원했는데 아직 서류 검토 결과조차 못 받았다"거나 "면접 본 지 한 달이 넘었는데 합격, 불합격 여부를 모른다"는 불만을 자주 듣는다. 채용절차법 제10조(채용 일정의 고지 등)와 제13조(채용 여부의 고지)에 따르면, 기업은 채용 과정의 상황을 알리기 위해 노력해야 하며, 채용 대상자 확정된 후에는 지체 없이 구직자에게 채용 여부를 알려야 할 의무가 있다. 하지만 현실에서는 '불합격 통보를 하는 것이 미안해서' 혹은 '더 나은 후보자가 나타날 때까지 예비로 두려고', '업무가 바빠서' 연락을 미루는 경우가 허다하다. 이런 '침묵'은 지원자에게는 가장 고통스러우며, 기업에게 채용절차법 위반 리스크를 안기는 무책임한 행위임을 잊지 말아야 한다.

채용이 만드는 첫인상의 힘

어느 CEO는 내게 "우리 제품 마케팅과 브랜딩에는 수억 원을 쓰면서 채용에는 왜 이렇게 소홀했을까요?"라며 자책했다. 기업 브랜딩에 거액을 투자하면서 정작 지원자가 처음 만나는 기업의 얼굴인 면접관의 태도와 질문 방식에는 무심한 경우가 많다.

면접에서 떨어진 지원자가 몇 년 후 고객이 되어 "면접 경험이 너무 좋아 이 회사 제품을 쓰게 됐다"고 말하는 사례도 있다. 반대로 불쾌한 경험이 SNS를 통해 퍼져 브랜드 이미지가 타격을 입기도 한다. 내가 외국계 전략 컨설팅사의 리쿠리팅 매니저로 근무했을 때, 나의 글로벌 매니저는 "우리는 불합격자도 우리 회사의 팬으로 만들어야 한다"고 강조했다. 공정하고 존중받는 채용 과정 자체가 브랜드의 핵심 가치이기 때문이다.

이것이 바로 공정한 채용이 만드는 진짜 브랜드 파워다. 채용은 단순히 사람을 뽑는 일이 아니다. 조직의 미래를 함께 설계할 동반자를 찾는 과정이다. 동시에 구직자는 채용 경험을 통해 그 조직의 가치와 문화를 평가한다. 채용절차법은 바로 그 '경험의 질'을 지키기 위한 최소한의 안전망이자 기준선이다.

기업의 채용 관련 법규 준수는 기본이다. 하지만 더 중요한 것은 구직자를 존중하는 마음가짐이다. 공정하고 투명한 채용 과정은 단순히 법적 의무를 넘어, 기업의 가치를 보여주는 중요한 척도이자 진짜 기업 경쟁력의 시작이다. 바른 채용으로 조직의 얼굴이 바로 설 때, 비로소 기업은 '사람을 중시하는 조직'이라는 진정한 이름을 얻을 수 있다.

1. **법적 금지 질문을 직무 관련 질문으로 대체하기**

   "결혼 계획", "가족 배경", "고향" 같은 질문은 법적으로 금지되어 있습니다. 대신 "향후 2-3년 내 워라밸Work Life Balance에 관한 생각은?", "이 직무에 관심을 두게 된 계기는 무엇인가요?" 같은 직무 중심 질문으로 바꾸십시오. 대체 질문 리스트를 만들어 모든 면접관과 공유하십시오.

2. **지원자 권리 보장 절차 및 결과 통보 절차 시스템화하기**

   지원자의 권리를 보호하고 투명한 채용 프로세스를 구축하는 것은 기업의 브랜드 신뢰도를 결정짓는 핵심 요소입니다. 불합격 통보부터 서류 관리까지, 다음의 세부 지침을 통해 채용의 전 과정을 시스템화 하십시오.

   – 결과 통보 기한 준수: 채용절차법상 기업은 채용 여부가 결정되면 지체 없이 지원자에게 알려야 합니다. 무응답은 가장 나쁜 브랜딩임을 명심하고, '서류 검토 2주', '면접 결과 1주' 등 내부적인 통보 가이드라인을 수립하십시오.

   – 서류 반환 및 폐기: 불합격자의 요청 시 서류를 즉시 반환하거나 폐기하며, 이 과정을 시스템적으로 관리하십시오.

   – 사전 동의 절차 준수: 평판 조회 등 개인정보와 관련된 모든 절차는 반드시 사전에 지원자의 명확한 동의를 거쳐야 합니다. 투명한 절차가 곧 기업의 신뢰도입니다.

3. **면접관 교육에 법규 위반 리스크 명확히 포함하기**

   채용절차법(과태료)뿐 아니라 남녀고용평등법(500만 원 이하 벌금형)도 교육해야 합니다. 선의의 질문도 법 규정상 허용되지 않습니다. 채용 과정 자체가 기업 브랜딩에 밀접하게 연관된다는 인식을 모든 면접관이 공유해야 합니다.

19장

기업이 면접에서 꼭 물어야 할 질문들

얼마 전 한 기업의 인사 담당자가 고민을 털어놓았다. "면접을 봐도 누가 더 좋은지 모르겠어요. 다들 비슷해 보여서 결국 감으로 뽑게 되더라고요." 채용 현장에서 수없이 반복되는 이야기다. 많은 기업이 "좋은 인재를 뽑기 어렵다"고 말하는데, 자세히 들여다보면 좋은 인재를 못 만나는 것이 아니라 좋은 질문을 하지 않기 때문에 구분이 안 되는 경우가 훨씬 많다.

면접의 승패는 질문의 질로 결정된다. 질문이 모호하면 답도 모호해지고, 질문이 구조적이면 답도 구조적으로 돌아온다. 좋은 인재를 선발하는 기업은 질문을 '많이' 하는 기업이 아니라 '정확한' 질문을 하는 곳이다.

질문으로 사람이 달라 보인 순간

몇 년 전 한 외국계 회사의 채용과정에서 흥미로운 경험을 했다. 같은 후보자를 두고 1차 면접관과 2차 면접관의 평가가 정반대였다. 1차 면접관은 "평범하다"고 했는데, 2차 면접관은 "뛰어나다"고 평가했다. 차이는 질문이었다. 1차 면접관은 "장단점이 뭔가요?" "왜 우리 회사에 지원했나요?" 같은 뻔한 질문을 했고, 2차 면접관은 "최근 1년 동안 해결한 가장 어려운 문제는 무엇이었나요? 어떤 역할을 했었고, 문제해결에 따른 성과는 무엇이었나요?"라고 구체적으로 물었다.

질문에 따라 후보자는 완전히 다른 사람으로 보였다. 후보자가 달라진 게 아니었다. 질문이 달라진 것이다. 기업은 질문을 할 때 두 가지를 생각해야 한다. 첫째, 이 질문이 역량의 레벨을 검증하는 답변을 요구하고 있는가? 둘째, 이 질문이 후보자 간의 비교를 가능하게 만드는가? 이 두 조건이 충족되면 면접은 훨씬 공정해지고 인재 선발의 정확성이 높아진다.

역량 레벨을 먼저 정한다

한국 바른채용인증원에서 면접관 교육을 받을 때, "역량 평가에서 가장 중요한 것은 역량 레벨(평가 척도)을 정하는 것이다"라는 말이 무척 인상적이었다. 실제로 이곳에서 발행한 '전문 역량 사전'은 전문성을 5단계 레벨로 정교하게 구분하고 있다. 많은 기업이 막연히 '전문성 있는 사람'을 찾지만 정작 전문성이 어느 정도인지는 명확하지 않다. 신입과 팀장급에 요구하는 전문성의 층위는 엄연히 다르다.

그렇다면 어느 레벨이어야 전문성 기준을 충족한다고 볼 수 있을까? 앞서 4장에서 설명한 5레벨 기준을 다시 떠올려보자. Level 1이 기초 지식 이해라면 Level 5는 업계 전체에 새로운 표준을 제시하는 수준이다. 통상 신입사원이라면 Level 2~3(지식을 업무에 적용하거나 응용하는 단계), 관리자급 경력사원이라면 Level 3~4(결과물을 창출하거나 조직 전체를 성장시키는 단계)를 채용의 적정 기준으로 잡을 수 있다. 이 기준이 명확해야 질문의 과녁이 선명해지고, '경력 연수'라는 숫자에 속지 않는 정확한 선발이 가능해진다. 몇 년 전 한 기업에서 15년 경력의 마케팅 담당자를 뽑는데, 후보자가 "15년 동안 마케팅 경험이 있다"고 강조했다.

하지만 구체적으로 물어보니 "매년 비슷한 루틴한 일만 계속 반복"한 경우였다. 골프 구력이 길다고 다 싱글은 아니고, 술을 많이 마신다고 소믈리에가 되지 않듯, 경력이 길다고 자동으로 역량이 높아지고 전문가가 되는 것은 아니다. 관련 경력 기간을 단순히 확인하는 데 그칠 게 아니라, 과거의 후보자 행동을 통해 원하는 전문성 레벨에 맞는 역량을 갖추고 있는지를 확인할 수 있는 질문을 해야 한다.

기업들이 효과적으로 사용하는 질문들

매번 후보자들이 면접을 마치고 나면 후기를 듣는다. 어떤 질문을 받았고 어떻게 답했는지를 확인한다. 그 과정에서 '이건 좋은 질문이다'

싶은 것과 '이 질문은 왜 했을까' 싶은 것들이 쌓였다. 그 중 일부를 공유한다.

"최근 1년 동안 해결한 가장 어려운 문제는 무엇이었나요?" 이 질문 하나로 문제 정의 능력, 주도성, 구조화 능력을 한 번에 확인할 수 있다. 좋은 후보자는 문제 상황에서 해결 방식, 결과까지 선명하게 설명한다. 아쉬운 후보자는 "너무 오래되어서 기억이 잘 나지 않는다"라고 대답하기도 한다.

"그 문제를 어떻게 정의했나요?" 많은 지원자가 문제를 '발생한 현상'으로 착각하는데, 문제 정의를 확인하고 물어본 질문이 인상적이었다. "숫자로 설명할 수 있는 성과가 있나요?" 성과를 숫자로 말할 수 있는 것은 중요하다.

"기존과 다른 시각으로 문제 해결 방안을 낸 경험이 있나요?" "다양한 정보를 수집하여 문제를 해결해 본 경험이 있나요?"와 같은 질문도 있다. 요즘은 정보가 넘쳐나는 시대라서 필요한 정보를 골라내는 능력도 중요하게 생각한다.

많은 기업이 책임감을 확인할 때 실수를 한다. "주말에도 출근하는 상황이 생긴다면 어떻게 하실 건가요?" "개인 약속이 있는데 갑자기 업무가 생긴다면 어떻게 하실 건가요?"와 같은 가정형 질문을 한다. 하지만 누구나 채용 면접에서는 "당연히 회사 일을 우선하겠다"고 한다.

대신 이렇게 물어보자. "본인이 원하지 않은 일을 맡아서 완수한 사례가 있을까요?" "자신의 실수나 과오를 책임진 적이 있나요?" "본인의 책임 범위를 벗어나 팀을 위해 기여한 사례가 있을까요?" 과거의 실제 행동을 통해 미래 행동을 예측하는 것이 훨씬 정확하다. 말주변이 좋거나 임기응변이 뛰어난 지원자에게 속지 않으려면 말보다는 행동을 검증해야 한다.

협업 능력을 확인하는 질문들

"팀과 갈등이 있었던 경험을 말해주세요. 어떻게 해결했나요?"라는 질문으로도 협업 능력을 확인할 수 있다. 한 후보자가 이런 이야기를 했다. "팀원 중 한 명이 자꾸 회의에 늦게 와서 갈등이 있었어요. 처음엔 짜증이 났는데, 나중에 알아보니 그 팀원이 다른 프로젝트와 겹쳐서 어려움이 있더라고요. 그래서 회의 시간을 조정하고, 사전 자료를 미리 공유해서 효율성을 높였습니다."

갈등 자체가 아니라 갈등을 처리하는 방식이 중요하다. 상대의 상황을 파악하고 시스템으로 해결하려 노력했는지가 답변의 수준을 가른다.

자기 인식과 성장 가능성을 확인하는 질문들

"당신이 가장 잘하는 일은 무엇인가요? 그 강점이 발휘된 사례는요?" "본인의 약점과 이를 보완한 방식은 무엇인가요?" 강점을 말할 때 근거가 없으면 면접관은 신뢰하지 않는다. 성숙한 답변은 '약점 + 프로세스 + 변화'의 구조를 갖는다.

"최근 1년 동안 배운 것 하나만 말해주세요.""업무에서 AI를 어떻게 활용하고 있나요?""가장 시간을 절약한 디지털 도구는 무엇인가요?" 면접관이 확인해야 할 것은 '지금의 실력뿐 아니라 앞으로 얼마나 빠르게 성장할 수 있는가'이다.

역질문으로 수준이 드러난다

면접 마지막에 던지는 "우리 회사에 궁금한 점이 있습니까?"라는 질문은 단순히 예의상 주는 시간이 아니다. 이때 후보자가 던지는 '역질문'은 그가 이 직무에 대해 얼마나 진지하게 고민해 왔는지, 그리고 관심의 초점이 어디에 있는지를 보여주는 강력한 신호다. 면접관은 후보자의 질문에서 다음 세 가지를 읽어낼 수 있다.

- 비즈니스 몰입도: "이 포지션의 초기 90일 성공 기준은 무엇인가요?", "올해 팀이 해결하려는 가장 큰 우선순위는 무엇인가요?"라고 묻는 후보자는 입사 후 본인이 기여할 성과에 집중하고 있다는 증거다. 이런 질문을 하는 후보자는 성과 중심적 사고를 하는 인재일 확률이 높다.
- 직무 성숙도: 본인의 커리어 성장이나 기술적 전문성에 대해 심

도 있게 질문한다면, 그는 단순히 '취업'이 아니라 '업業'으로서
의 성장을 고민하는 사람이다.

- 관심의 방향: 반면, 질문의 시작과 끝이 복리후생, 휴가, 야근 여
부 등 보상과 처우에만 머물러 있다면, 그는 조직의 성과보다는
개인의 안녕에 더 큰 비중을 두고 있을 가능성이 크다. 물론 궁
금할 수는 있지만, 면접이라는 긴박한 전략적 대화의 마지막 질
문으로 이를 선택했다는 것은 그 사람의 우선순위를 말해준다.

역질문 시간은 후보자의 궁금증을 해소하는 시간이기도 하지만, 면
접관에게는 후보자가 이 일을 어떻게 대하는지 판단하는 단서가 된다.

도움이 안 되는 질문들

18장에서 다뤘던 법적 금지 질문들 외에도, 실무에서 자주 실수하는
질문들이 있다. "꿈이 뭔가요?", "10년 후 어떤 사람이 되어 있을까
요?", "취미가 무엇인가요?"와 같은 추상적 질문은 실질적인 판단 기
준이 되기 어렵다. 꿈을 평가하는 대신, 꿈을 위해 무엇을 했는지 물어
야 한다.

평가 기준을 구체적으로 작성하라

면접 후에는 평가 근거를 구체적으로 기록하라. '의사소통 능력 우수'라

는 모호한 표현 대신, '대화 시 상대방에게 질문을 하여 논점을 명확히 한 후 자신의 의견을 말했음', '자신의 주장에 대해 근거를 제시하는 행동이 수차례 관찰되었음' 등과 같이 관찰한 근거를 구체적으로 작성하여야 한다. 추상적이고 감정적인 평가는 다음 면접관에게 왜곡된 정보를 전달할 뿐이다. 또한 후에 지원자가 평가 결과를 문의했을 때, 기록된 행동 근거를 바탕으로 명확히 설명할 수 있어야 한다. 이것이 바로 채용 브랜딩의 기초가 되는 '공정한 평가'를 완성하는 길이다.

관련된 체크리스트 3가지

1. **질문의 '과거 행동'에 집중하기**

   가상의 상황Would을 묻지 말고, 실제 했던 행동Did을 물어 보십시오. "어떻게 하시겠습니까?"보다 "어떻게 하셨습니까?"가 후보자의 진짜 실력을 드러냅니다.

2. **사전에 면접관 교육하기**

   '언제, 어디서, 무엇을, 어떻게, 결과는 어땠는지'를 구체적으로 묻는 방법만 알아도 면접의 질이 크게 달라집니다.

3. **평가표에 '형용사' 대신 '동사' 쓰기**

   "훌륭함", "적극적임" 같은 형용사 대신 "근거를 제시함", "대안을 제안함" 같은 동사 위주로 기록하십시오. 구체적인 기록이 공정한 채용과 기업 브랜딩을 만듭니다.

평판 조회
— 신뢰를 확인하는 과정

피터 드러커는 "채용에 5분밖에 시간을 쓰지 않으면 잘못 채용된 사람으로 인해 5,000시간을 사용하게 될 것"이라고 경고했다. 최근 헤드헌팅 업계에서 후보자 면접 이후 평판 조회를 요청받는 경우가 눈에 띄게 늘고 있다. 과거 임원급에 국한되었던 평판 조회는 이제 실무진까지 확대되는 추세다. 한 구인구직 플랫폼 조사에 따르면 인사담당자 80%가 채용 시 레퍼런스 체크가 필요하다고 답했을 정도다.

무엇을 확인할 것인가

회사는 단순히 좋은 사람을 뽑는 것을 넘어, 조직문화와 해당 포지션에 꼭 맞는 '적격 인재'를 뽑는 목적으로 평판 조회를 활용한다. 평판

조회는 후보자가 이력서에 기재한 프로젝트를 주도적으로 수행했는
지, 실제 직무 역량을 보유했는지, 팀원이나 팀장으로서 회사와 직무
에 적합한 성향을 보였는지 등을 세밀하게 파악하는 과정이다.

기업이 정말 궁금해하는 것은 세 가지다. '이 사람은 업무적으로 믿
을 만한가?', '이 사람과 다시 일하고 싶은가?', '어떤 업무 스타일인
가?'이다. 반대로 "기술은 좋은데 조금 까다로워요", "성과는 있는데
팀 분위기에는 좀…"이라는 말이 나오면 추가 확인이 필요하다.

누구에게 무엇을 물어볼 것인가

참고인은 대개 상사, 동료, 부하직원으로 구성한다. 이때 가장 유의할
점은 전 직장 동료를 중심으로 진행하되, 현 직장 관계자가 필요하다
면 재직자보다는 이미 퇴사한 인물로 한정하는 것이 좋다.

이는 평판 조회 사실이 현 직장에 알려져 후보자가 곤란해지는 상
황을 방지하기 위한 최소한의 예의이자 직업 윤리다. 참고인 인원은
3~5명 정도가 적당하다. 현 직장 사람을 참고인으로 선정해야 한다
면, 반드시 후보자와 긴밀하게 상의하고 보안이 유지될 수 있는 인물
인지 확인해야 한다.

중요한 것은 사전에 후보자의 명확한 동의를 받는 것이다. 근무 이
력, 성과, 대인관계 정보는 모두 개인정보보호법의 보호를 받는 민감한
데이터이기 때문이다.

동의 없는 평판 조회는 법적 리스크뿐만 아니라 기업의 평판에도 치

명적인 오점을 남길 수 있다. 포괄적 내용의 동의서를 통해 비지정 참고인에 대한 조사 가능성도 열어두는 것이 좋다.

일반적으로 질문은 업무 성과, 강점과 개선점, 업무 성향, 리더십, 커뮤니케이션과 인간관계, 퇴직 사유, 윤리성과 도덕성Integrity 등의 항목으로 구성된다. 모든 질문은 채용 회사와 포지션을 기준으로 설계되어야 하므로, 질문자의 회사와 직무에 대한 이해는 필수적이다.

실제로 같은 후보자에 대해 같은 참고인에게 평판 조회를 하더라도 질문의 방향과 방식에 따라 답변의 질이 완전히 달라진다. 따라서 평판 조회를 진행하는 사람이 채용하려는 회사와 직무를 정확히 이해하고 있어야 한다.

가장 강력한 질문

"같은 포지션으로 이 분을 다시 채용한다면 함께 일하겠습니까? 그 이유는 무엇입니까?" 이 질문 하나가 평판 조회의 성패를 가른다. 답변을 주는 상대방에게서 주저함이나 애매한 표현이 느껴진다면 그 이면을 더 파고들어야 한다.

해석할 때 주의할 점

최근 강한 추진력과 비즈니스 감각을 인정받은 후보자의 평판 조회 중 한 참고인이 "조직 내 노이즈가 많이 생긴다"는 부정적 의견을 주

었다. 추가 확인 결과, 후보자의 강한 추진력이 신규 사업에는 장점이
지만 안정적인 기존 조직 관리에는 부담이 될 수 있다는 뜻이었다.

　사업적 관점과 관리적 관점이 상반된 평가의 원인이었다. 나는 이
상반된 의견을 고객사에 전달했고, 결국 '사업 확장'이라는 채용 목적
에 맞춰 적합 인재로 채용을 확정하게 되었다. 제자 자공이 "여론에
의해 사람을 평해야 합니까?"라고 묻자 공자는 "누구의 평가인지가
중요하다"고 답했다. 평판의 내용보다 평판을 전하는 사람의 관점을
읽는 것이 중요하다는 뜻과 일맥상통한다.

잘못된 평판 조회의 위험성

영화 '기생충'의 불행한 사건은 잘못된 채용에서 시작된다. 대학 졸업
장을 위조한 기우나 일리노이 주립 미술대 출신이라 소개한 제시카의
면접에서 고용주인 연교는 적절한 질문과 검증 절차 없이 무의식적
편견에 의존했다. 사실 연교도 나름의 평판 조회를 거치긴 했다. 전임
가정교사의 추천(지인 소개)을 믿은 것이다. 또 기우가 제시카를 소개
했다. 하지만 체계적 검증 없이 단순한 추천에만 의존한 것은 전형적
인 평판 조회의 오류 사례다.

현실적 조언

평판 조회는 완벽한 사람을 찾는 과정이 아니다. 세상에 보완점이 없

는 사람은 없고, 지위가 올라갈수록 업무 이해관계가 얽혀 모든 이에게 다 좋은 평판을 듣는 후보자는 존재하기 힘들다. 중요한 것은 편견과 소문을 걸러내고, 여론의 함정에 빠지지 않으며, 후보자의 장단점이 회사의 채용 목적에 맞는지 파악하는 것이다. 평판 조회는 그 사람이 일했던 방식, 만들었던 관계, 보여준 신뢰의 종합적 기록이다.

따라서 참고인이 전하는 부정적 피드백이나 개선점을 마주했을 때, 인사 담당자는 이를 '탈락의 근거'로만 보지 말아야 한다. 오히려 그 보완점이 우리 조직의 시스템이나 팀 문화로 커버 가능한 수준인지, 혹은 후보자의 압도적 강점이 그 단점을 상쇄하고도 남는지를 입체적으로 따져봐야 한다.

평판 조회는 단순히 과거를 캐는 일이 아니라, 그가 일했던 방식과 쌓아온 신뢰의 기록을 통해 미래의 협업 시나리오를 그려보는 과정이다. 편견과 소문을 걸러내고 우리 조직의 채용 목적에 부합하는지 냉정하게 파악할 때, 비로소 평판 조회는 채용의 리스크를 줄이는 강력한 무기가 된다.

관련된 체크리스트 3가지

1. **반드시 '개인정보 활용 동의서' 확보하기**

   동의받지 않고 진행되는 평판 조회는 개인정보보호법에 위반 소지가 있습니다.

2. **질문의 끝에 '왜'를 붙여 구체적 사례 끌어내기**

   이분 성격이 좋은가요?" 같은 모호한 질문 대신, "팀 내 갈등이 생겼을 때 이분은 어

떻게 행동했나요? 왜 그렇게 생각하시나요?"라고 물으십시오. 구체적인 에피소드가

나와야 진짜 평판입니다.

3.   참고인의 '관점'과 '채용 목적'을 비교하여 해석하기

참고인이 말하는 단점이 우리 회사에서는 장점이 될 수도 있습니다. (예: 강한 추진력 vs

조직의 안정성) 막연한 여론에 휩쓸리지 말고, 우리 조직의 현재 상황에 이 특징이 득이

될지 실이 될지 입체적으로 판단하십시오.

기업이 말하는 '좋은 인재'와 채용의 본질

Part 1이 스스로를 갈고닦는 '후보자의 관점'을 다루었다면, Part 2에서는 시선을 돌려 '기업의 책상 너머'를 살펴보았다. 수만 장의 이력서가 오가는 현장에서 목격한 진실은 명확하다. 기업이 결국 선택하는 사람은 화려한 스펙을 가진 사람이 아니라, 문제를 정의하고 협업을 통해 실질적인 해결책을 내놓는 사람이다.

이제 기업은 단순한 전문성(T형)을 넘어, 기술과 도구를 활용해 업무처리 방식을 혁신하는 'π형 인재'를 갈망한다. 하지만 현실은 녹록지 않다. 사상 초유의 구직난 속에서도 기업은 인재 부족을 겪는 '미스매치'가 심각하고, 특히 중소기업은 경영의 존폐를 걸고 채용 전쟁을 치르고 있다. 이제 기업은 100% 완벽한 인재를 기다리기보다, 조직의 기대치를 재조정하고 체계적이며 공정한 채용 시스템(면접관 교육, 평판 조회 등)을 갖추는 '준비된 조직'이 되어야 한다.

Part 2의 핵심은 한 문장으로 수렴된다. "좋은 인재는 준비된 기업을 만나고, 좋은 기업은 준비된 인재를 얻는다." 그리고 이 둘 사이의 팽팽한 균형을 맞추는 것이 바로 채용의 본질이다. 이제 여기서 한 가지 질문을 더 던져야 한다. 커리어는 오직 개인과 기업, 이 두 주체의 합으로만 결정되는 것일까?

앞서 '개인의 성장'과 '조직의 기준'을 이야기했지만, 사실 커리어라는 지도는 결코 고정되어 있지 않다. 우리가 발 딛고 있는 노동 시장은 시대, 경제, 기술이라는 거대한 힘으로 끊임없이 흔들리고 재편된다. 지금 우리는 AI가 직무의 근간을 뒤흔들고, 글로벌 고용의 경계가 사라지며, 고용 안정성이라는 단어가 신화가 되어버린 '전례 없는 전환기'를 지나고 있다. 이런 시대에는 개인의 성실함이나 기업의 복지만으로는 더 이상 커리어의 안전을 보장받을 수 없다. 나 혼자, 혹은 우리 회사만 잘한다고 해서 생존할 수 있는 시대를 이미 넘어섰기 때문이다.

Part 3에서는 바로 이 '더 큰 맥락Context'을 다룬다. 고용 한파 속에서도 길을 찾는 '스톡데일 패러독스', AI와 공존하며 나의 가치를 지키는 사고법, 나아가 커리어의 마침표인 '우아한 퇴사'와 새로운 시작을 위한 '온보딩 전략'을 통해 지속 가능한 커리어의 리듬을 제안하려 한다.

개인과 조직이라는 두 점을 연결해 '시대'라는 입체적인 파도 위에서 나만의 항로를 찾아가는 마지막 여정을 시작해 보자.

Part 3
[사회·미래에게]

급변하는 시대의
커리어 전략

고용 한파 시대를 건너는 법
— 스톡데일 패러독스

21장

최근 상담을 요청하는 후보자들이 이구동성으로 말한다. "사람을 안 뽑아요." "채용 공고는 뜨는데, 실제로는 채용이 안 돼요." "면접까지 갔는데 포지션이 없어졌다고 해요." "더 노력해야 할지, 다른 길을 찾아야 할지 모르겠어요." 기업도 같은 이야기를 한다. "예산이 줄었습니다." "조직을 개편해야 합니다." "뽑고 싶지만 신규 TO(정원) 승인을 받을 수 없습니다."

2026년 초 발표된 통계들은 상황의 심각성을 수치로 증명한다. 2025년 연간 고용동향에 따르면, 일도 구직활동도 하지 않고 그냥 '쉬었음'이라고 답한 인구가 255만 명을 넘어섰다.[20] 특히 30대 '쉬었음' 인구는 30만 9,000명으로, 2003년 통계 작성 이래 역대 최고치를 기록했다. 2026년 1월 기준 실업률 역시 4.1%로 4년 만에 최고 수준을 유

---

20) 통계청 「2025년 12월 및 연간 고용동향」 (2026.01)

지하며 고용 한파가 일시적 현상이 아님을 보여준다.

해외 상황은 더 냉혹하다. 미국에서는 2025년 한 해에만 약 120만 명의 감원 계획이 발표되었는데, 이는 2020년 팬데믹 이후 5년 만에 가장 높은 수치다.[21] 특히 주목할 점은 감원의 성격이다. 과거엔 단순 경기 불황이 원인이었다면, 이제는 'AI 도입을 통한 상시 구조조정'이 명분이다. 실제로 2025년 미국에서만 약 5만 5,000명의 화이트칼라 사무직이 'AI를 통한 효율화'를 이유로 일자리를 잃었다. 아마존, 마이크로소프트, 세일즈포스 같은 빅테크 기업들이 AI 기반의 조직 재편을 주도하고 있다.

현장에서 체감하는 흐름도 명확하다. 기업의 채용 수요는 극단적으로 양극화되고 있다. 핵심 역할은 뽑지만 시니어 역할은 줄이고, 경력직은 합격률이 떨어지고, 신입은 채용 규모가 축소된다. AI 도입 이후 더욱 분명해진 것은 디지털, 데이터, AI 관련 직무는 증가하지만 도구형, 단순형 직무는 감소한다는 점이다. 이 시대는 '근속연수'나 '경력기간'보다 '업무처리 방식 자체를 바꿀 수 있는 능력'이 요구된다.

이 숫자들은 '지금이 조금 나쁜 정도'가 아니라, 고용 구조가 다시 짜이고 있다는 신호다. 개인도, 기업도 이 냉혹한 현실을 피할 길은 없다. 하지만 이럴 때일수록 우리에게 필요한 지혜가 있다. 바로 '스톡데일 패러독스'다.

---

21)　Challenger, Gray & Christmas 「2025 Year-End Report」 (2026.01)

베트남 전쟁 포로가 알려준 생존의 지혜

베트남 전쟁 포로였던 제임스 스톡데일James Stockdale 제독은 65개월
의 포로 생활을 견디며 "진짜 살아남지 못한 사람들은 지나치게 낙관
적인 사람들이었습니다"라고 말했다. '곧 좋아지겠지', '이번 달이면
상황이 나아지겠지', '다음 분기에는 채용이 살아나겠지' 등과 같은 막
연한 희망은 현실이 예상보다 더 길어질 때 사람을 무너뜨린다.

　경영학자 짐 콜린스Jim Collins는 자신의 저서 『좋은 기업을 넘어 위
대한 기업으로』에서 스톡데일의 말을 인용하여 이를 '스톡데일 패러
독스'라 명명했다. 그 핵심은 이것이다. 결국 이겨낼 것이라는 믿음을
잃지 않되, 동시에 눈앞의 가장 잔인한 현실을 직시하라. 커리어에서
이 지혜가 필요한 시기는 바로 지금이다.

현실을 직시하되, 이길 수 있다는 믿음을 잃지 말라

스톡데일 패러독스는 단순히 마음가짐의 문제가 아니라 현실과 전략
사이를 연결하는 실행 원리다. 먼저 '통제할 수 있는 것'과 '통제할 수
없는 것'을 반드시 구분해야 한다. 채용 시장, 구조조정, 기업 전략, 경
제 변화는 통제할 수 없다. 하지만 업의 정리, 역량 업데이트, 네트워
크, 기록, 브랜딩, 태도, 실행은 통제 가능하다.

　현실을 직시하면 전략이 보인다. 이때 무엇보다 자신의 업을 지키는
것이 가장 중요하다. 고용 한파의 시기일수록 2장에서 설명했던 자신

의 '업'의 정체성이 중요하다. 업은 직무가 아니라 자신이 반복적으로 잘하는 문제 해결 유형이다. 위기가 오면 직장인은 자신에게 묻게 된다. "나는 어떤 일을 통해 가치를 만들 수 있는 사람인가?" "내가 가장 필요한 곳은 어디인가?" 이 질문에 대한 답이 곧 커리어의 나침반이 된다. 누군가에게 지금은 기다리는 시기가 아니라 채우는 시기다.

데이터, 디지털 도구, AI 활용, 커뮤니케이션, 협업 기술, 문제 해결 구조화. 이 시기에 쌓은 역량은 시장이 다시 열릴 때 압도적인 차이를 만든다. 커리어에는 지렛대가 있다. 경험의 밀도, 한 분야에서의 독보적 사례, AI 도구를 통한 생산성 향상, 업계 네트워크 같은 것들이다. 작은 지렛대 하나가 커리어를 다시 움직이는 힘이 된다.

작게라도 움직이는 사람만 앞으로 간다

위기에는 두 종류의 사람이 있다. '좋아지면 움직이겠다'는 사람과 '지금 할 수 있는 걸 한다'는 사람이다. 두 명의 결과는 6개월 만에 완전히 달라진다. 변화가 클수록 행동은 적게, 자주 해야 한다. 커리어는 마라톤이고, 지금은 가파른 오르막 구간이다. 하지만 누군가는 이 구간에서 가속을 한다.

실제로 내가 경험한 한 후보자의 사례다. 국내 중견 제조기업에서 20년 넘게 생산 운영과 공급망 관리를 담당했던 50대 초반의 A 이사였다. 갑작스러운 실적 악화로 권고사직을 하게 된 그는 처음 몇 달간 근거 없는 낙관에 빠져 있었다. '이 바닥에서 내 이름 석 자면 갈 데가

수두룩하지'라며 예전 인맥들에 전화를 돌리고 헤드헌팅 회사에도 연락했다. 하지만 현실은 냉혹했다. 6개월이 지나도록 제대로 된 면접 기회조차 오지 않았다. 기업들은 "경험은 훌륭하지만, 우리 조직과는 결이 조금…"이라며 완곡하게 거절했다.

그는 스톡데일이 말한 '낙관주의자의 함정'에 빠져 있었다는 사실을 뒤늦게 깨달았다. 시장은 더 이상 '성실하게 공장을 돌려본 관리자'를 원하지 않았다. 데이터로 공정을 최적화하고, AI 도구로 재고를 예측할 줄 아는 '디지털 전환이 가능한 리더'를 원하고 있었다. 그는 자신의 경력이 시장에서 '유통기한이 지난 상품' 취급받고 있다는 잔인한 현실을 인정하기로 했다.

이후 그는 작게, 하지만 다르게 움직였다. 매일 아침 도서관으로 출근해 스마트 팩토리와 데이터 분석 툴을 공부했다. 단순히 책만 본 것이 아니라, 자신이 20년간 현장에서 겪었던 수천 건의 불량 사례와 해결 공정을 최신 기술로 재설계한다면 어떤 결과가 나올지 리포트로 정리하기 시작했다. 그리고 그 기록을 업계 커뮤니티와 자신의 SNS에 매주 한 편씩 올렸다.

1년이 지나갈 무렵, 한 건실한 중소기업으로부터 연락이 왔다. "글을 봤습니다. 우리 회사가 디지털 전환을 하려는데, 기술만 아는 젊은 친구들은 현장을 모르고 현장 사람들은 기술을 모릅니다. 양쪽을 다 아는 이사님이 꼭 필요합니다." 화려한 대기업 임원으로 복귀한 것은 아니었지만, 자신의 '업'을 시대에 맞게 업데이트하여 그는 새로운 무대의 주인공이 되었다. 14개월의 긴 공백을 견뎌낸 힘은 '결국 다시 현장으로 돌아갈 것'이라는 믿음과 '지금 내 역량은 부족하다'는 냉정한 자기 객관화가 공존했던 스톡데일 패러독스에서 나왔다.

핵심은 이것이다. 위기의 기간은 중요하지 않다. 위기를 견디는 방식이 중요하다. 많은 직장인이 "현실이 너무 어두운데 어떻게 희망을 품어요?"라고 묻는다. 하지만 스톡데일 패러독스는 이렇게 말한다. "희망을 품기 위한 조건은 현실을 정확히 직시하는 것입니다." 역설적으로 성장은 불황기에 더 많이 일어난다. 시장이 잠시 닫힌 것일 뿐, 기회가 사라진 것은 아니다. 작게라도 행동하는 사람만 앞으로 간다.

오늘 할 수 있는 3가지

1. **통제 가능한 것과 통제 불가능한 것 리스트 만들기**

   모든 에너지를 통제 가능한 것에만 집중하십시오.

2. **나의 업을 한 문장으로 정리하기**

   "나는 ○○한 문제를 해결하여 △△한 가치를 만드는 사람이다"라는 정의가 명확할수록, 고용 한파 속에서도 나를 필요로 하는 곳을 찾기 쉬워집니다.

3. **이번 달 업데이트할 목표 한 개 세우기**

   작게라도 움직이는 것이 기다리는 것보다 훨씬 강력합니다.

위기는 모두에게 옵니다. 하지만 준비된 사람에게는 기회가 될 수 있는 시기이기도 합니다.

22장

경험의 밀도
― 오픈 플랫폼 시대의 성장 전략

얼마 전 한 후보자와 미팅을 하는데 이런 말을 들었다. "저는 10년 차라서 경험이 많습니다. 다양한 프로젝트도 정말 많이 해 봤고요." 하지만 구체적으로 어떤 문제를 해결했는지, 그 과정에서 무엇을 배웠는지 물어보니 답변이 막연했다.

반면 함께 후보군에 오른 5년 차 후보자는 달랐다. 한 프로젝트에서 어떤 문제를 발견했고, 어떻게 해결했으며, 그 결과 어떤 변화가 있었는지를 구체적으로, 데이터로 설명했다. 기업이 선택한 사람은 당연히 후자였다.

우리는 흔히 "경력이 오래되었다", "경험이 많다", "10년 차다", "프로젝트를 많이 했다"고 말하지만 채용 시장의 기준은 이미 바뀌었다. 얼마나 오래 일했는지가 아니라 얼마나 '깊이' 일했는가가 핵심이다. 양Quantity이 경력의 기준이던 시대는 끝났다. 이제는 경험의 '밀도

Density’가 경쟁력을 결정한다.

작은 나라가 큰 경쟁력을 갖는 이유

작년, 경제 강국 룩셈부르크를 방문했을 때 나는 커리어의 본질에 대한 중요한 힌트를 얻었다. 국토는 작고 인구도 적지만, 룩셈부르크는 1인당 GDP가 약 13만 달러 이상으로 수년째 세계 1위를 유지하고 있는 압도적 부국이다.[22] 단순히 GDP만 높은 게 아니다. IMD 국가 경쟁력 지수의 디지털 경쟁력 부문에서도 매년 최상위권을 기록하며 기술 혁신을 주도하고 있다.[23] 그 비결은 국토의 ‘크기’가 아니라 산업 간의 ‘밀도’에 있었다.

현지에서 확인한 룩셈부르크는 금융, 물류, 디지털 기술이라는 서로 다른 세 개의 엔진이 한 울타리 안에서 긴밀하게 소통하며 고부가가치를 만들어내고 있었다. 금융 자본이 기술을 만나 핀테크가 되고, 그 기술이 물류와 결합해 스마트 공급망을 형성한다. 이처럼 서로 다른 분야가 촘촘하게 연결되어 있기에 정보의 전환 속도와 성과를 만들어 내는 효율이 압도적이다. 이른바 ‘단거리 경제Short Distance Economy’의 저력이다.

커리어도 마찬가지다. 이제 기업은 단순히 연차를 쌓는 ‘영토 확장’에 열을 올리는 사람보다, 자신이 가진 서로 다른 경험을 유기적으로

---

22)　IMF 「World Economic Outlook Database」 (2024-2025)

23)　IMD 「World Digital Competitiveness Ranking」 (2024-2025)

연결해 시너지를 내는 '밀도 높은 인재'를 갈망한다. 10년 동안 같은 일을 반복하며 덩치만 키운 사람보다, 5년의 기간이라도 기획, 실행, 데이터 분석을 한 줄기로 꿰어 깊이 있는 임팩트를 낸 사람에게 기회가 먼저 가는 이유다. 문제는 당신이 가진 시간의 크기가 아니라, 그 시간을 채우고 있는 경험의 밀도다.

오픈 플랫폼 시대, '연결'하는 능력이 곧 실력이다

이제 한 회사에서 모든 과정을 독점적으로 배우는 시대는 지났다. 조직은 점점 슬림해지고, 프로젝트 중심으로 바뀌며, AI가 단순 업무 반복 업무를 대체하면서 직무 경계가 흐려지고, 외부 인재와 협업하는 구조가 늘어나고 있다. 즉, 커리어는 '직접 다 경험하는 방식'이 아니라 오픈 플랫폼 방식으로 바뀌고 있다.

혼자 모든 것을 하지 않고 네트워크, 지식, 기술, 도구를 활용해 더 빠르고 더 깊은 경험을 만드는 능력이 핵심이다. 이제 중요한 것은 '얼마나 해봤느냐'가 아니라 '어떻게 연결해서, 어떤 밀도를 만들었느냐'이다.

경험을 쌓는 두 가지 패턴: 수집형 vs 밀도형

수많은 후보자를 만나면서 발견한 후보자의 패턴은 크게 두 분류로 나뉜다.

- 수집형: 여러 프로젝트에 참여하지만 자기 역할이 희미하고, 설명이 길며, 성과가 추상적이다. 이력서는 화려하지만, 정작 "당신이 주도해서 바꾼 것이 무엇인가"라고 물으면 성과도 추상적으로 답변한다.

- 밀도형: 적은 경험이라도 문제를 명확히 정의하고, 구조를 설계하며, 성과를 수치화하고, 배운 점을 다음 프로젝트에 적용한다. 기업은 수집형보다 밀도형을 압도적으로 선호한다.

경험의 밀도를 높이는 방법

어떻게 해야 경험의 밀도가 높은 사람이 될까? 성장이 빠른 사람들을 관찰한 것을 바탕으로 세 가지 원칙을 제안한다.

적극적 기회 포착

기회는 '준비된 사람'에게 오는 것이 아니라 '움직이는 사람'에게 온다. 작은 역할이라도 먼저 손을 들고, 자신의 일이 아닌 프로젝트에도 관심을 가져야 한다. 문제를 발견하면 제안하고, 회사 밖 이벤트나 세미나, 학습을 꾸준히 탐색해야 한다. 기회는 작은 일로 시작해 큰 일로 연결되는 과정에서 생긴다.

실전 적용

배운 것을 머릿속에 두면 '지식'이고, 현장에서 사용하면 '경험'이 된다. 경험의 밀도는 실전 적용 횟수에서 만들어진다. 새 도구를 적용하고, 프로세스 개선을 시도하며, 보고서를 새로운 구조로 만들고, AI 기반 자동화를 실험해 보는 것들이다. 이런 작은 실험들이 경험의 깊이를 만든다. 참여 방식도 중요하다. 성장하는 사람은 프로젝트에 참여하는 방식이 다르다. 회의에서 질문을 먼저 하고, 프로젝트 초반에 프레임을 제안하며, 역할이 주어지기 전에 할 일을 찾아 움직이고, 다른 부서와 연결되는 지점을 먼저 본다. 참여 방식이 적극적일수록 경험의 흡수력도 달라진다.

네트워크 활용

경험의 밀도는 개인의 힘만으로 만들어지지 않는다. 경험은 사람을 통해 확장된다. 다른 직무와 대화하고, 업계 사람들과 커피챗을 하며, 세미나나 콘퍼런스에 참석하고, 멘토나 후배와 지식을 교류해야 한다. 네트워크는 새로운 문제해결 방식을 가져오고, 그 자체로 경험의 품질을 높인다.

경험의 밀도가 높으면 무엇이 달라지나?

경험의 밀도가 높은 사람은 이직 시장에서 이렇게 보인다. '이 사람은 일을 깊게 보는구나.' '문제를 해결한 구조가 있네.' '이 사람은 재현 가능한 성과를 냈구나.' '배운 것을 다음에 바로 적용했네.' 즉, 기업은 이들을 '쓰임새가 명확한 인재'로 보는 것이다. 경험의 밀도는 업데이트된 인재인지 아닌지를 판단하는 가장 강력한 신호다.

커리어는 결국 밀도의 싸움이다. 많이 해본 사람이 아니라 깊게 해본 사람이 앞서는 시대다. 경험은 시간이 아니라 의도를 투자하는 것이다. 양이 아니라 밀도다.

오늘 할 수 있는 3가지

1. **최근 프로젝트에서 내가 만든 구체적 변화 한 가지 기록하기**

   어떤 문제를 발견했고, 어떻게 해결했으며, 그 결과 무엇이 달라졌는지를 명확히 정리하는 것만으로도 경험의 밀도가 보입니다.

2. **이번 달에 시도할 작은 실험 한 개 선정하기**

   새로운 도구든, 프로세스 개선이든, 작은 변화든 상관없습니다. 실험이 경험을 깊게 만듭니다.

3. **대화 나눠보고 싶은 업계 사람 한 명에게 메시지 보내기**

   네트워크는 경험을 확장하는 가장 빠른 방법입니다.

경험의 밀도는 하루아침에 만들어지지 않지만, 의도를 가지고 행동하는 순간부터 달라지기 시작합니다.

23장

AI와 함께 성장하는 사람들의 사고 방식

최근 후보자들과 이야기를 나누다 보면 AI에 대한 이야기가 빠지지 않는다. 어떤 이는 "AI 때문에 일자리가 사라질까 봐 걱정된다"고 하고, 또 다른 이는 "변화 속도가 너무 빨라서 정신이 없다"고 토로한다. 흥미로운 점은 기업 쪽에서 들려오는 이야기는 사뭇 다르다는 사실이다. 한 글로벌 기업의 인사 담당자는 이렇게 이야기했다. "AI 때문에 사람을 줄이는 게 아니라 AI를 활용할 수 없는 사람을 줄입니다."

헤드헌터로서 수많은 커리어를 관찰하며 내린 결론도 명확하다. AI는 사람을 대체하는 것이 아니라 업무처리 방식의 재편을 촉진하는 도구인데, 여전히 많은 이가 이를 도구가 아닌 위협으로만 받아들이고 있다.

격차를 만드는 것은 기술이 아니라 태도

AI 시대의 진정한 격차는 기술적 숙련도가 아닌 AI를 바라보는 태도에서 발생한다. 성장하는 인재들의 공통점은 AI를 '나의 역량을 증폭시킬 지렛대'로 정의한다. 그들은 기술을 완벽히 이해하기 전에 일단 시도하며, 자신의 본업과 AI의 접점을 찾기 위해 분투한다. 반면 정체되는 이들은 '정확히 배워야 쓸 수 있다'거나 '내 일과는 무관하다'며 변화를 뒤로 미룬다. 결국 AI는 기술의 문제가 아니라 변화에 대한 수용성, 즉 태도의 문제다.

'도구'로 쓰는 사람과 '워크플로우'를 바꾸는 사람

대부분의 직장인이 AI를 단순한 '효율화 도구(보고서 요약, 메일 작성 등)'로 인식할 때, 기업은 그 이상의 능력을 요구한다. 맥킨지가 실행한 설문은 고성과 기업들이 AI를 기존 업무에 덧붙이는 수준이 아니라, 프로세스 자체를 재설계하며 뚜렷한 성과 격차를 만들어내고 있다고 지적한다.[24] 실제로 기업이 찾는 인재 역시 이런 역량을 가진 사람들일 것이다.

얼마 전 만난 후보자는 인상적인 사례를 들려주었다. 그는 리포트 작성 시간을 AI로 80% 단축한 뒤, 확보한 여유 시간을 고객 밀착 관리에 투입해 매출을 20% 상승시켰다. 그는 AI를 단순한 도구가 아니라

---

24)　McKinsey & Company 「The State of AI 2025」 (2025.11)

일하는 방식 자체를 바꾸는 지렛대로 활용하고 있었다. 프라이스워터하우스쿠퍼스 보고서 역시 AI 확산으로 직무 스킬의 변화 속도가 전례 없이 빨라졌다고 지적한다.[25] 결국 중요한 것은 특정 기술 하나가 아니라, 변화하는 환경에 맞춰 자신의 스킬 셋을 빠르게 재편하는 적응력이다.

보조자를 넘어 '디지털 동료'와 협업하라

최근 기업들은 스스로 판단하고 실행하는 'AI 에이전트' 활용에 사활을 걸고 있다. 보스턴컨설팅그룹의 리포트에서 소개한 사례들은 이미 실전의 영역이다. 블룸버그는 컴플라이언스 의사결정 시간을 최대 50% 단축했고, 구글과 부킹닷컴은 코드 리뷰와 배포 공정을 AI에게 맡겨 개발 사이클을 30% 이상 줄였다.[26] 1만 페이지의 문서를 실시간 분석해 인사이트를 뽑아내는 브라이트웨이브Brightwave 사례는 과거 며칠이 걸리던 일을 단 몇 시간의 영역으로 끌어내렸다.

최근 만난 한 후보자도 이런 변화를 체감하고 있었다. "이제는 혼자 일하는 게 아니라 AI와 함께 일하는 방법을 배워야 한다"며 팀 내에서 AI 활용 가이드를 만들어 공유하고 있었다. 기업이 찾는 인재는 바로 이런 사람들이다.

---

25) PwC「The Fearless Future: 2025 Global AI Jobs Barometer」(2025.6)

26) BCG 코리아「AI 에이전트 시대의 HR 혁신: 투트랙 운영 모델과 전환 전략」(2025.12.03)

왜 어떤 사람은 AI 시대에 더 강해지는가?

이 지점이 내가 헤드헌터로서 가장 흥미롭게 관찰하는 대목이다. 과거에는 '기술 자체를 잘 아는 사람'이 승자였지만, 지금은 판이 바뀌었다. 마이크로소프트 CEO 사티아 나델라가 "AI는 기존의 일자리를 재편하지만, 이를 자신의 능력을 키우는 '곱셈 도구'로 쓰는 사람에게는 엄청난 기회가 될 것"이라고 강조했다.

실제로 현장에서 만나는 'AI 강자'들에게는 공통된 특징이 있다. 본업의 깊이가 남다르면서도 문제를 명확히 정의하는 능력을 갖췄다는 점이다. 이들은 AI를 활용해 생산성을 증폭하고, 프로세스를 개선하며, 철저히 데이터에 기반해 의사결정을 내린다. 구글 CEO 순다르 피차이는 2024년 구글 개발자 콘퍼런스Google I/O에서 역시 "AI가 직무를 바꾸지만, 본업 깊이와 결합할 때 진짜 경쟁력이 생긴다"고 강조했는데, 내가 채용 현장에서 목격하는 것과 정확히 일치하는 통찰이다.

격차는 생각보다 빨리 벌어진다

가장 놀라운 사실은 AI 시대의 격차가 지능이나 기술력이 아니라 '습관' 때문에 벌어진다는 것이다. 빠르게 적응하는 이들은 새로운 도구가 나오면 일단 다운로드부터 한다. 작은 업무부터 AI에게 넘겨보고, 실패하면 빨리 인정하고 수정한다. 그리고 그 과정에서 배운 노하우를 팀과 공유하며 개선 아이디어를 제안한다.

반면 적응을 어려워하는 이들은 "나중에 배우겠다", "완벽히 알아야 쓴다", "젊은 사람들의 전유물이다"라고 말하며 기회를 뒤로 미룬다. 이 사소해 보이는 차이는 단 6개월만 지나도 가늠하기 힘든 커리어의 격차로 이어진다. 앞서 밝힌 보스턴컨설팅그룹의 리포트에 따르면 생성형 AI가 도입된 이후, 높은 적극성에 비해 실제 활용은 낮은 경우가 많았다고 한다. 실제로 직원의 80%는 생성형 AI 도구에 기대감을 보였지만, 정기적으로 사용하는 직원은 25%에 불과했다. 경영진의 66%가 지금까지 조직 내 생성형 AI 도입 상황에 만족하지 못하는 이유도 바로 여기에 있다. 결국 기술은 준비되어 있지만, 그것을 일상의 습관으로 인식한 '사람'이 부족한 것이다.

나는 AI로 갱신한다

AI는 우리를 대체할 위협이 아니라 우리를 더 나은 버전으로 진화시킬 갱신update 도구다. 앞으로 AI를 가장 적극적으로 활용하는 사람이 경쟁력 있는 인재가 될 것이고, 가장 앞서가는 기업은 AI를 활용해 조직의 기준점 자체를 높이는 회사가 될 것이다. 'AI를 통해 자신을 매일 갱신하는 사람'이 마지막까지 시장의 선택을 받는다.

1. **먼저 본업에서 AI로 대체 가능한 업무 세 개 적기**

   어떤 일이 자동화될 수 있는지 파악하는 것에서 시작하십시오.

2. **이번 주에 AI 도구 하나를 설치해서 바로 사용하기**

   완벽하게 이해할 때까지 기다리지 말고 일단 써보십시오.

3. **마지막으로 자신의 AI 포지셔닝 설정하기**

   "나는 어떤 분야의 AI 활용자가 될 것인가?"를 정하는 것만으로도 방향이 보입니다.

   "나는 내 분야에서 AI를 어떻게 활용하는 전문가가 될 것인가?"를 한 문장으로 정의

   해 보십시오.

AI 시대는 이미 왔습니다. 이제는 행동할 시간입니다.

24장

우아한 이별

헤드헌터로 일하며 수많은 커리어의 '매듭'을 지켜봤다. 시작만큼이나 끝맺음이 중요하다. 이직이나 조직 개편, 계약 종료, 구조조정 등으로 직장을 떠나게 되는 순간은 누구에게나 찾아온다. 의도했든 의도하지 않았든 그렇다. 많은 이가 이 순간을 '과거를 정리하는 시간'으로 생각하는데, 현장에서의 느낌은 전혀 다르다. 이별을 잘하는 사람이 새로운 시작도 잘한다. 우아한 이별은 커리어의 격을 높이고, 그 방식이 다음 회사에서 당신을 어떻게 평가할지를 결정하는 잣대가 된다.

퇴사에도 기술이 있다

수많은 후보자의 퇴사 과정을 지켜보면서 깨달은 것이 있다. 오프보딩은 단순히 "퇴사합니다"라고 말하는 행위가 아니라, 평판과 관계, 기회를 다시 정리하는 과정이다. 오프보딩에 필요한 기술은 크게 세 가지가 있다.

알리는 기술

퇴사 소식은 너무 일찍 알려도, 너무 늦게 알려도 좋지 않다. 가장 중요한 원칙은 직속 상사 → 팀 → HR 순서다. 먼저 상사에게 개인적으로 알리되, 감정이 아닌 '커리어의 지향점'을 설명해야 한다. 팀에는 공식적으로 공유하고, 협업 부서와 HR에는 실무 기준으로 안내한다. 이 단계에서 중요한 것은 '이유'보다 '태도'다. "회사에 불만이 있어서가 아니라 새로운 도전의 단계에 접어들었다"는 한 문장이 당신의 평판을 방어한다.

넘기는 기술

빨리 떠나고 싶은 마음에 인수인계를 소홀히 하는 이들이 많다. 하지만 평판 조회Reference Check의 핵심 참고인은 바로 당신의 직전 상사와 동료다. 인수인계 과정이 나쁘면 지난 몇 년간 쌓아온 공든 탑이 무너진다. 업무 리스트, 프로젝트 현황, 핵심 이해관계자 맥락, 파일 구조 정리까지 마쳐라. '끝까지 책임지는 사람'이라는 인상은 다음 직장에서도 당신의 가장 큰 자산이 된다.

가장 우아한 이별은 '돌아갈 수 있는 문'을 남겨두는 것이다. 퇴사 전에 '고마웠던 사람 5명'에게 직접 메시지를 보내고, 팀에 '배웠던 것 3가지'를 공식적으로 공유하라. 이 사소한 행동이 당신을 '다시 함께 일하고 싶은 인재'로 각인시킨다.

퇴사자 네트워크가 경쟁력이 되는 시대

과거에는 퇴사하면 회사와 관계가 끊어졌지만, 이제는 다르다. 많은 글로벌 기업이 퇴사자를 대상으로 '알럼나이 프로그램Alumni Program'을 운영한다. 왜일까? 다시 함께 일할 수 있고, 파트너나 고객으로 만날 수 있으며, 브랜드 홍보자가 될 수 있어서다.

직장인의 커리어는 '현 직장 네트워크'보다 '퇴사자 네트워크'에서 더 많은 기회를 얻게 되는 것을 현장에서 많이 본다. 이러한 현상은 데이터로도 증명된다. 링크드인의 2025년 글로벌 채용 트렌드 조사에 따르면, 고연봉 전문직 기회의 약 40%가 전 직장 동료나 지인 네트워크를 통해 발생한다.[27] 결국 현 직장의 네트워크가 '오늘의 생존'을 돕는다면, 퇴사자 네트워크는 '내일의 도약'을 위한 더 질 높은 기회를 실어 나르는 통로가 된다.

---

27)   LinkedIn 「Global Talent Trends: The Power of Professional Networks」 (2024-2025)

평판은 퇴사 과정에서 만들어진다

평판은 일할 때만 만들어지는 게 아니다. 오히려 퇴사하는 과정에서 그 사람의 진짜 밑천이 드러난다. 어려운 상황에서도 끝까지 책임을 다하는 사람, 감정적 대응을 하지 않는 사람, 관계를 소중히 여기는 사람 등은 어디서든 환영받는다. 반대로 마지막에 감정을 쏟아내거나 인수인계를 방치하는 이들은 업계에 금세 소문이 퍼진다. 업계는 생각보다 좁고, 사람들의 기억력은 생각보다 길다.

퇴사 과정에서 절대 하지 말아야 할 것들이 있다. SNS에 감정적 글 올리기, 동료들에게 회사 험담하기, 회사 기밀 유출 시도 등이다. 이런 행동은 잠깐 카타르시스를 줄지 모르나, 당신의 커리어에는 영구적인 주홍 글씨를 남긴다.

결국 태도의 문제다. 책임감, 정직함, 관계 중심 사고는 퇴사하는 순간 당신의 '마지막 인상'이 된다. 그리고 그 인상이 커리어의 나머지 절반을 결정한다.

오늘 할 수 있는 3가지

1. **나만의 인수인계서를 업데이트하기**

    당장 퇴사 계획이 없더라도, 지금 하는 업무를 제3자가 바로 이해할 수 있도록 가이드라인을 매달 정리해 보십시오. 업무 효율이 올라갈 뿐 아니라 평소의 평판 관리에도 큰 도움이 됩니다.

2.   **고마운 동료에게 커피 한 잔 제안하기**

전 직장 혹은 현재 직장에서 나에게 도움을 주었던 동료 3명에게 안부 메시지를 보내거나 차 한 잔을 제안해 보십시오. 네트워크는 필요할 때 만드는 것이 아니라 평소에 관리하는 것이 중요합니다.

3.   **퇴사자 네트워크가 있다면 꾸준한 관계 이어가기**

가볍게 전 동료들과의 단체 대화방을 유지하는 것만으로도 미래 새로운 기회가 생길 수 있습니다.

평판은 언젠가 반드시 기회로 돌아옵니다. 끝맺음도 커리어 스킬입니다.

25장

새로운 시작의 첫 100일
— 성공하는 사람들의 온보딩 패턴

새로운 직장에서의 첫 100일은 단순히 적응하는 시간이 아니다. 이 시기는 당신이 조직에서 가질 '커리어의 경로'가 결정되는 골든타임이다. 수많은 온보딩 과정을 지켜보며 깨달은 사실은, 비슷한 역량을 가진 이들도 첫 100일을 어떻게 보내느냐에 따라 조직 내 영향력이 완전히 달라진다는 점이다. 성공하는 이들에게는 분명한 패턴이 존재한다.

첫 100일이 모든 것을 결정한다

전 세계 리더들의 이직 바이블로 통하는 하버드비즈니스스쿨 마이크 왓킨스Michael Watkins 교수의 저서 『90일 안에 장악하라The First 90 Days』를 보면, 새로운 환경에서의 초기 안착 여부가 향후 커리어 전체의 성패를 좌우한다. 왓킨스 교수는 이 시기를 '가속화 단계 Acceleration'라 부르며, 조직의 문화를 학습하고 이해관계자와 정렬하며 빠르게 '작은 승리'를 거두는 것이 핵심이라고 강조한다. 현장에서 목격한 성공적인 100일 패턴 역시 이 글로벌 표준 모델과 정확히 일치한다. 성공하는 이들의 100일 패턴을 정리하면 크게 세 단계로 나뉜다.

첫 30일은 학습과 관찰

이 시기에는 성과보다 '정확한 파악'이 중요하다. 의욕이 앞선 나머지 입사 첫 주부터 "전 직장에서는 이렇게 했습니다"라며 개선안을 쏟아내는 이들은 대부분 실패한다. 성공하는 이들은 이 시기에 조직의 문법을 알아보고, 주요 이해관계자를 파악하며, 보고 체계와 회의 구조를 이해하고, 기존 프로세스를 분석한다.

한 후보자가 첫 주부터 "이렇게 하는 게 더 효율적입니다"라며 개선안을 제시했다가 팀 전체의 반감을 사는 경우를 봤다. 맥락이 없는 혁신은 저항만 부른다. 성공하는 이들은 이 시기에 조직의 숨은 문법, 주요 이해관계자의 역학 관계, 보고 체계의 디테일을 집요하게 파악하며 자신의 '학습 곡선'을 가파르게 끌어올린다.

31~60일은 가치 정렬과 신뢰 구축

이 시기는 자신의 역할과 조직에 기대치를 일치시키는 결정적인 구간이다. 실제로 수많은 기업 채용 관계자들과 이야기를 나누며 확인한 흥미로운 사실이 있다. 조직은 입사 후 두 달이 지나는 이 시점에서 입사자에 대한 평가를 사실상 80% 이상 끝낸다는 점이다. '이 사람이 우리 팀과 정말 맞는가?'에 대한 인식이 이 무렵 거의 굳어진다. 맥킨지의 '전환기 리더십 리포트'에 따르면, 성공적인 인재들은 이 '평가의 골든타임'을 결코 놓치지 않는다.[28] 그들은 상사 및 동료들에게 적극적으로 1:1 대화를 요청하며 "내가 기여해야 할 가장 우선적인 가치가 무엇인가?"를 끊임없이 확인한다.

내가 현장에서 목격한 고성과자의 패턴도 이와 정확히 일치했다. 그들은 단순히 지시를 기다리는 것이 아니라, "제가 이해한 업무 우선순위가 회사·팀의 방향과 맞는지 확인하고 싶습니다"라는 질문을 먼저 던진다.

조직의 문법과 자신의 실행력을 정교하게 맞추는 이 과정을 통해, 리더에게 '이 사람은 우리 팀에 없어서는 안 될 존재'라는 확신을 최종적으로 심어주는 것이다.

61~100일은 작은 성과 만들기

초반에 큰 성과를 만들 필요는 없다. 거창한 프로젝트보다 '작지만 확실한 개선'이 신뢰를 완성한다. 예를 들어, 리포트 구조 개선, 데이터 정리 자동화, 고객 응대 프로세스 정리, 회의 기록 시스템 도입 같은 것이다.

---

28)　Scott Keller and Mary Meaney 「McKinsey Quarterly」 'Successfully transitioning to new leadership roles' (2018.5)

이런 작은 변화들이 '이 사람은 일을 잘한다'라는 신호를 만든다. 한 후보자는 입사 후 3개월 만에 팀의 주간 회의 자료를 정리해서 시각화하고, 회의 시간을 30% 단축했다. 큰 변화는 아니었지만 모든 팀원이 그를 '제대로 일하는 사람'으로 인정했고 그는 팀의 지지를 얻어내며 조직 내 연착륙에 성공했다.

절대 하지 말아야 할 것들

수많은 온보딩 실패 사례에는 비슷한 원인이 있다. 첫째, "이전 회사에서는…"으로 시작하는 비교다. 전 직장의 경험을 공유하는 것은 좋지만, 비교하는 식으로 말하면 새로운 조직에서는 반감을 사게 된다. 전 직장의 경험은 소중하다. 하지만 이를 비교의 잣대로 들이대는 순간 새로운 조직의 동료들은 당신을 '외부인'으로 규정하고 방어 기제를 작동시킨다.

둘째, 너무 빠르게만 혁신하려고 하는 것이다. 아무리 좋은 아이디어라도 조직의 맥락과 속도를 무시하면 저항에 직면한다.

셋째, 관계를 '사치'로 치부하고 상사에게만 집중하는 태도다. 상사에게 잘 보이려고 동료들과의 관계를 소홀히 하면 결국 고립된다. 실질적 업무를 함께하는 동료들의 신뢰 없는 성과는 모래성이다. 새로운 조직은 당신이 '무엇을 할 줄 아느냐'보다 '어떤 태도로 우리와 섞이느냐'를 훨씬 더 예민하게 관찰한다는 점을 잊지 마라.

내가 목격한 성공하는 인재들의 4가지 공통점

수많은 온보딩 과정을 곁에서 지켜보며, 조직에 성공적으로 안착하는 이들에게는 몇 가지 명확한 공통점이 있다는 사실을 발견했다. 성공하는 이들은 무엇보다 본질적인 질문을 던지는 데 인색하지 않다. 단순히 업무 방법How을 묻는 데 그치지 않고 "이 업무의 우선순위는 어떻게 되나요?", "우리 팀이 가장 중요하게 생각하는 가치는 무엇인가요?"와 같은 질문으로 일의 맥락을 먼저 파악한다. 질문을 통해 조직의 문법을 먼저 이해한 다음에 움직이는 것이다.

또한 이들은 작은 것부터 완벽하게 해내는 전략을 쓴다. 처음부터 거창한 프로젝트를 맡으려 욕심내기보다, 아주 사소한 일이라도 빈틈없이 처리하며 신뢰의 기초를 다진다. 이런 작은 성실함이 쌓여 '큰 일을 믿고 맡길 수 있는 사람'이라는 강력한 평판을 만든다는 사실을 잘 알고 있기 때문이다.

관계에 대한 투자 역시 빼놓을 수 없는 특징이다. 이들은 점심 식사나 짧은 티타임 제안을 결코 가볍게 여기지 않는다. 업무 외적인 유대감이 결국 협업의 속도와 효율성을 결정한다는 사실을 영리하게 활용한다. 낯선 환경에서 자신의 우군을 만드는 법을 아는 셈이다.

마지막으로, 그들은 피드백을 구하는 데 주저함이 없다. "제가 어떤 부분을 개선하면 팀에 더 도움이 될까요?"라고 주기적으로 물으며 자신의 속도를 조직에 맞춘다. 스스로를 객관화하고 끊임없이 조정하는 이 태도가 결국 연착륙의 핵심이다.

첫 100일은 단기 레이스가 아니라 장기적 성공을 위한 '전략적 투자 기간'이다. 급하게 성과를 증명하려 애쓰기보다 탄탄한 관계의 기반과 조직 이해도를 쌓는 데 집중하라. 기초가 튼튼하면 성과는 자연스럽게 따라온다. 새로운 환경에서 능력보다 먼저 평가받는 것은 결국 '태도' 임을 잊지 마라.

오늘 할 수 있는 3가지

1. **동료에게 피드백 한 문장 요청하기**

   가까운 동료에게 "제가 적응하는 데 보완할 점이 있을까요?"라고 가볍게 물어보십시오. 생각지 못한 귀한 힌트를 얻을 수 있습니다.

2. **우리 팀의 '핵심 가치' 확인하기**

   회의나 업무 대화 중에 팀장이나 동료들이 반복해서 강조하는 단어가 무엇인지 메모해 보십시오. 그것이 바로 조직의 숨은 문법입니다.

3. **작은 개선 사항 하나 실행하기**

   공유 폴더 정리, 회의록 템플릿 제안 등 팀원 모두에게 도움이 될 만한 작은 일을 찾아 오늘 바로 실행에 옮겨 보십시오.

첫 100일은 다시 오지 않습니다. 하지만 지금 이 순간은 아직 당신 손에 있습니다. 작은 행동 하나가 조직에서의 당신을 정의합니다.

26장

도파민 넘치는 커리어를 위하여

커리어는 장거리 마라톤 같다. 페이스가 있고, 리듬이 있고, 숨이 턱끝까지 차오르는 구간을 지나면 거짓말처럼 가속이 붙는 순간도 찾아온다. 수많은 직장인과 이야기하며 가장 많이 들은 말은 이런 것이었다. "이 회사가 나한테 맞는 건지 모르겠어요.""요즘 성장하는 느낌이 없어요.""자꾸 멈춰 있는 것 같아요.""제 커리어가 잘 가고 있는 걸까요?"

그동안 사람들의 커리어를 지켜보며 깨달은 진실이 하나 있다. 성공하는 사람과 그렇지 않은 사람의 차이는 극적으로 다른 능력이나 대단한 천재성에 있지 않다. 결정적인 차이는 커리어를 바라보는 관점, 그리고 자신만의 '성장 리듬'을 만드는 방식에 있었다.

도파민이 사라질 때 커리어는 흔들린다

누구나 입사 초기에는 새로운 자극과 목표 덕분에 높은 도파민을 경험한다. 그러나 시간이 지나면서 일은 익숙해지고, 도전의 크기는 줄어들며, 어느 순간 성장의 속도가 멈춘 듯한 느낌을 받는다. 이때 많은 이가 '이직'이라는 탈출구를 떠올린다. 하지만 이직이 늘 정답은 아니다. 도파민이 마른 이유는 회사가 나빠서라기보다 스스로 '성장 구조'를 잃어버렸기 때문인 경우가 훨씬 많다.

내가 관찰한 커리어 도파민의 핵심은 '성장 감각'에 있다. 사람은 실제로 성장했을 때보다 '성장하고 있다고 느끼는 순간'에 가장 강력한 동기를 얻는다.

배운 것이 실전에서 쓸모 있을 때, 풀리지 않던 문제가 풀릴 때, 그리고 다음 단계가 어렴풋이 보일 때 도파민은 다시 샘솟는다. 결국 지속 가능한 커리어란 이 '성장감'을 스스로 설계할 수 있느냐에 달려 있다.

지속 가능한 성장을 만드는 구조

성공하는 이들은 거창한 목표보다 '꾸준히 성장할 수밖에 없는 구조'를 만드는 데 집중한다. 내가 현장에서 발견한 지속성의 구조는 크게 다섯 가지다.

첫째, 학습 루틴의 힘이다. 루틴에 있어서 중요한 건 지속성이다. 하루 10분, 일주일 1시간이라도 꾸준히 쌓인 인사이트는 임계점을 넘는 순간 폭발적인 능력으로 변한다.

둘째, 3년 사이클의 활용이다. 첫해는 흡수, 둘째 해는 실행, 셋째 해는 확장으로 이어지는 리듬을 타야 한다. 이 사이클이 무너지면 커리어는 정체된다. 반대로 이 리듬을 지켜내면 자연스럽게 도약이 온다.

셋째, 관계의 질이다. 일에 대한 도파민이 높을 때는 '일'이 동기를 만들지만, 도파민이 낮을 때는 '사람'이 동기를 만든다. 멘토, 조언자, 동료 네트워크, 나만의 개인 이사회 등을 통해 강화된 관계는 어떤 문제도 덜 외롭게 만든다.

넷째, 자기 갱신의 기술이다. 앞서가는 이들은 6개월 단위로 자신을 리프레시한다. 업무처리 방식을 재정비하고, 새로운 도구를 배우며, 자신의 '업業'을 다시 정의하는 과정을 통해 매너리즘을 돌파한다.

다섯째, 작은 성취Small Win의 설계다. 거대한 성공에만 집착하면 쉽게 지친다. 아주 사소한 성취를 의도적으로 배치하여 매일의 자신감을 충전해야 한다.

명함은 반납해도, 당신이 남긴 궤적은 사라지지 않는다

커리어의 성공 스토리는 겉보기에 '어느 날 갑자기' 찾아온 행운처럼 보인다. 갑작스러운 승진, 파격적인 연봉의 이직 제안… 하지만 그 내부를 들여다보면 매일의 작은 실행과 평판 관리, 꾸준한 자기 갱신이 만든 단단한 리듬이 존재한다.

'맥락 있는 이동Right Move'은 속도가 아니라 방향에서 결정된다. "어느 회사가 좋은가?"라는 질문보다 중요한 건 "나의 업業이 깊어지고 확장되는 방향인가?"라는 질문이다.

직장인은 회사를 옮기지만, 그가 걸어온 업은 그림자처럼 따라온다. 퇴사하는 날 정든 회사의 명함은 반납하겠지만, 당신이 그 무대 위에서 치열하게 고민하고 만들어 낸 문제 해결의 패턴, 동료들의 신뢰 섞인 평판, 그리고 위기를 돌파하며 쌓아온 근육은 결코 사라지지 않는다.

커리어의 진정한 목적은 좋은 회사를 만나는 것에 있지 않다. 매일의 리듬 속에서 더 단단하고 유능해진 '나'를 만들어가는 것 자체가 목적이다. 회사는 바뀔 수 있어도 당신의 성장성은 축적되며, 그 궤적이야말로 다음 기회로 나아가는 가장 확실한 이정표가 된다. 그것이 내가 그동안 10만 건 넘는 인생 궤적을 관찰하며 내린 커리어의 본질이다.

고용 한파가 오고 AI가 시대를 뒤흔들어도 변하지 않는 사실이 있다. 자신만의 리듬을 가진 사람은 위기 속에서도 기회의 틈새를 찾아낸다. 거창한 계획에 압도당하지 마라.

오늘 10분 학습하고, 오늘 한 사람과 의미 있는 대화를 나누고, 오늘 작은 개선 하나를 만들어내는 선택이 모여 당신의 커리어가 된다. 커리어는 마라톤이다. 당신만의 페이스로, 당신만의 도파민을 찾으며 묵묵히 나아가길 응원한다.

1. **향후 6개월 동안 '갱신하고 싶은 나의 역량' 3개 적기**

   무엇을 새로 배우고 싶고, 무엇을 개선하고 싶은지 명확히 하는 것부터 시작입니다.

2. **이달의 '작은 성취' 1개 계획하기**

   거창할 필요 없습니다. 이번 달 안에 스스로 "해냈다"라고 말할 수 있는 아주 작지만 확실한 과제 하나를 정해 실행해 보십시오. 그 작은 도파민이 당신을 움직이게 할 것 입니다.

3. **그리고 나의 업을 다시 한 문장으로 정의하기**

   "나는 무엇을 하는 사람인가?"를 직함이 아닌 '가치'의 언어로 정의해 보십시오. 예를 들어 '헤드헌터'가 아니라 '누군가의 인생에 기회를 연결하는 사람'처럼 말 입니다.

커리어의 도파민은 성공이 아니라 성장에서 나옵니다. 어제보다 조금 더 나아진 오늘, 그 감각 을 잃지 마십시오.

변화의 시대를 건너는 사람들을 위하여

Part 3에서는 개인의 의지만으로는 통제할 수 없는 시대의 거대한 흐름과, 그 소용돌이 속에서도 흔들리지 않고 중심을 잡는 법에 관해 말했다. 이제 직장인의 커리어는 단순히 '열심히'라는 단어 하나로 설명되지 않는다. 시장의 냉혹한 온도, AI로 대표되는 기술적 도약, 경계가 사라진 글로벌 흐름, 그리고 급변하는 조직의 재편이 개인의 선택과 이동에 직접적인 영향을 주기 때문이다.

현실 직시와 희망의 균형

고용 한파든 AI 혁명이든, 결국 살아남는 이는 냉혹한 현실을 직시하되 끝내 희망을 놓지 않는 사람이다. 짐 콜린스의 저서『좋은 기업을 넘어 위대한 기업으로Good to Great』에서 소개된 '스톡데일 패러독스'는 지금 우리에게 가장 필요한 균형감각을 시사한다. 막연한 낙관론을 버리고 눈앞의 어려움을 있는 그대로 받아들이면서도, 결말에 대한 믿음을 잃지 않는 이들만이 위기를 기회로 치환한다.

순환하는 커리어의 매듭

커리어는 끝맺음(퇴사)과 시작(온보딩)의 끊임없는 반복이다. 퇴사하는 순간의 우아한 뒷모습이 당신의 평판을 결정하고, 새로운 조직에서의 첫 100일이 당신의 영향력을 확정한다. 이 모든 과정이 촘촘히 연결되어 다음 기회를 만든다는 사실을 잊어서는 안 된다.

Part 3의 핵심 메시지는 간결하다. 거대한 변화의 중심에서 흔들리지 않는 사람은 '자신만의 리듬과 구조'를 가진 사람이다. 그 리듬은 작은 학습, 작은 실험, 작은 성취, 그리고 작은 관계로 이어진다. 시대라는 거센 파도가 덮쳐와도, 이 꾸준한 리듬을 가진 사람은 결코 침몰하지 않고 자신만의 항로를 따라 앞으로 나아간다.

헤드헌터의 책상을 떠나며

채용 현장에서 살아온 지난 20여 년 동안 셀 수 없이 많은 이력서와 사람을 만났다. 그들의 간절한 고민을 들었고, 기대와 불안을 함께 나누었으며, 때로는 뼈아픈 실패와 눈부신 성공의 순간을 가장 가까이서 지켜봤다.

그 과정에서 내가 깨달은 하나의 진실이 있다. 커리어는 결코 혼자 만드는 것이 아니지만, 성장은 결국 '스스로 구조를 만드는 사람'에게 온다는 것이다. 좋은 회사나 상사, 운 좋게 찾아온 기회도 물론 중요하다. 하지만 그 모든 외부 환경보다 더 강력한 것은 나를 바라보는 방식, 일을 대하는 태도, 그리고 환경이 바뀌어도 성과를 재현해 낼 수 있는 '나만의 일하는 방식', '내가 만들어가는 작은 습관'이다.

커리어는 단 한 번의 거대한 도약보다 보이지 않는 작은 움직임의 축적으로 완성된다. 하루 10분의 기록, 작은 성취 하나, 정체된 순간에 던지는 질문 하나, 누군가에게 보낸 진심 어린 감사의 메시지, AI 도구를 열어본 5분, 나의 업을 한 문장으로 정의해 본 순간의 고민. 이 작은 구조들이 톱니바퀴처럼 맞물려 돌아갈 때, 어느 날 당신은 전혀 다른 자리에 서 있게 된다.

이 책을 쓰며 한 사람의 커리어가 얼마나 유일하고 소중한지, 그리고 얼마나 긴 호흡의 여정인지를 다시금 느꼈다. 독자인 당신에게 진심으로 말해주고 싶다. 당신은 생각보다 훨씬 더 잘하고 있고, 앞으로 훨씬 더 잘 해낼 것이다. 지금 서 있는 자리가 조금 흔들리고 답답하게 느껴진다면, 그것은 실패의 신호가 아니다. 성장의 방향을 다시 잡으라는 정교한 신호다.

커리어는 속도가 아니라 방향이다. 이 책이 그 여정 속에서 작지만 단단한 당신의 나침반이 되기를 바란다. 훗날 당신이 더 깊어진 업, 넓어진 선택지, 그리고 누구도 흔들 수 없는 단단한 평판을 가진 사람으로 당당하게 다음 문을 열고 나아가길 응원한다.

이력서를 10만 건 읽었습니다

지은이 문선경

이 책의 디자인은 노영현, 편집과 교정은 장현정, 종이, 출력, 인쇄, 제본은 효성프린팩의 신학철이 진행했습니다. 이 책의 성공적인 발행을 위해 애써주신 다른 모든 분들께도 감사드립니다. 틔움출판의 발행인은 장인형입니다.

초판 1쇄 인쇄 2026년 4월 10일
초판 1쇄 발행 2026년 4월 24일

펴낸 곳   틔움출판
출판등록   제395-251002009000057호
주소   경기도 고양시 덕양구 청초로 66 덕은리버워크 A-2003
전화   02-6409-9585
팩스   0505-508-0248
홈페이지   www.tiumbooks.com

ISBN 979-11-91528-31-2 03320